"La educación es una cosa admirable, pero es bueno recordar cada poco tiempo que nada que realmente merezca la pena saber puede ser enseñado".

ÓSCAR WILDE

EL

MARKETING

2021

Impreso en Amazon, 2021.

Todos los derechos reservados. Esta publicación no puede ser reproducida, ni en todo, ni en parte. Ni por un medio ya sea mecánico, fotomecánico, electrónico, magnético, fotocopiado u otro medio sin el permiso del autor.

TEMARIO

Esta nueva edición de la colección de *Conceptos de Mercadeo*, se refleja la necesidad de un mejor entendimiento de la conducta del consumidor, así como también, una mayor conciencia del proceso de comunicación si se lleva a cabo una venta mutuamente satisfactoria.

El Marketing 2021 es para individuos que deben influir, presumir, actuar o liderar a otros individuos; ahora o en el futuro. Los estudiantes que ingresan al universo de la venta necesitan una preparación universitaria amplia en los principios y vendedores y publicistas practicantes para propósitos de recordatorio y actualización. También es adecuado para aquellos que capacitan a vendedores. Pero con énfasis se debería inculcar estos en el pénsum o plan de estudios del último año de secundaria, para guiar al nuevo egresado de secundaria con una idea básica del mercadeo.

Para los estudiantes cuyo principal interés es el marketing, presento una introducción a la fuerza promocional más importante de todas: la venta personal. La tecnología mejorada, la demanda de más bienes y servicios y la mayor productividad resultante que de nuestra economía crean más productos y servicios que se comercializan cada mes. Estos se unen a la reducción de las ganancias de los costos para hacer que la venta sea más desafiante año tras año.

Presento, además, una nueva apertura en publicidad, especialmente en la publicidad subliminal.

Actualizado al final en tres grandes capítulos que nos embargan en este 2021 y por seguro, en los años venideros; la situación actual sobre el Covid-19, la inmediata reacción de algunas empresas gigantes y finalmente, todo lo relevante al marketing en tiempos de pandemia y el futuro que nos espera.

El libro lo he combinado con descripciones periodísticas

siguiendo mi estilo propio.

En todo momento se asume que no hay una receta, fórmula o conjunto de instrucciones que un vendedor pueda seguir como si un constructor sigue los planos y las instrucciones para construir una casa. Sin embargo, este es un libro práctico, basado en lo que hacen los mejores vendedores y publicistas y las proyecciones del mercadeo a raíz del Covid19.

La convicción fundamental de que el papel adecuado de vendedor o publicista como asesor de compradores continúa enfatizándose en esta nueva edición. El publicista es visto como un consejero cuyo rol es ayudar a los compradores a tomar mejores decisiones de compra. Esta edición continúa enfatizando la creatividad en la venta o creación de campañas.

¿Qué es Mercado?

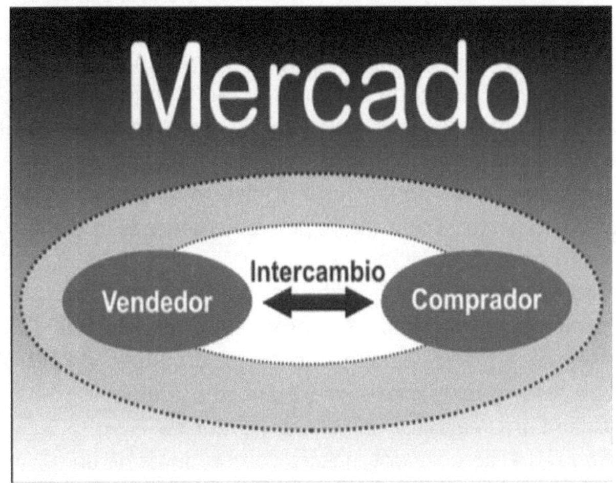

Un mercado es gente. El intercambio o comercio entre dos o más personas comprando y vendiendo es Mercado. Eso es inclusive negocios. Pero las personas solas no hacen Mercado. Mercado pues es un grupo de personas que tienen una necesidad en común por un producto o servicio y ellos tienen cuatro características básicas:

1. Gente con necesidades en común.
2. Gente con fuentes de financiamiento o dinero para comprar. (poder de compra)
3. Gente que desea comprar.
4. Gente con la disposición y habilidad de comprar (autoridad de compra).

Un mercado requiere no solamente gente para comprar, a esto hay que agregarle el poder de compra y la autoridad de compra. Preguntémonos: ¿Quién tiene el poder y la autoridad de compra en nuestra casa, o quién hace las compras?

El mercado, simplemente, es gente que tiene dinero y está listo para gastarlo. Pero los consumidores tienen una cantidad limitada de dinero para gastar. Comprarán sólo lo que deseen y lo que necesitan.

La palabra mercado es usada en varias vías. Hay un mercado de productos y un mercado para automóviles; un mercado para muebles y una venta de muebles en el mercado. Una persona puede ir al mercado y otra persona puede planear poner un producto en el mercado.

El mercado puede ser definido como un lugar en donde compradores y vendedores se encuentran, donde productos y servicios son ofrecidos para la venta. El mercado simplemente, es la gente que tiene el dinero y está listo para gastarlo, sin embargo, cada consumidor tiene un determinado monto de dinero para gastar. Comprarán, pero solamente lo que ellos quieren y necesitan.

Mercado es una demanda hecha por un cierto grupo de compradores potenciales de un producto o servicio. Por ejemplo: La demanda de agricultores por productos de petróleo. En este caso, el mercado es volátil y puede cambiar drásticamente según cambien las condiciones.

Mercado es el actual y potenciales compradores de un producto, y la demanda del mercado es el total volumen que será comprado por un definido grupo de consumidores en un área geográfica definida dentro de un período, en un específico ambiente de mercadeo bajo un programa de mercadeo.

Mercado es la gente con necesidades para satisfacer, dinero para gastar y los deseos de gastar.

El Mercado es definido por los compradores, no por los vendedores.

Mercado de penetración: es el tratar de incrementar las ventas de una firma y sus productos en su presente mercado – usando una masiva mezcla de mercadeo – a través de un agresivo esfuerzo de mercadeo. Por ejemplo: La Coca cola.

Desarrollo de Mercado: es tratar de incrementar las ventas vendiendo sus productos en nuevos mercados – usando publicidad en diferentes medios – para localizar su nuevo blanco de consumidores. Por ejemplo: La cadena McDonalds, Tim Hortoms, que están abriendo nuevas sucursales por todos lados.

Dos tipos de Mercado

Los mercados pueden clasificarse principalmente con base en las características de los compradores y con base en la naturaleza de los productos.

Hay dos tipos de mercado: *el del consumidor y el industrial.*

El del consumidor son aquellos productos y servicios que compra el último consumidor, por ejemplo, un libro, leche, cigarrillos, chicles.

El mercado industrial son aquellos productos que se compran para ser usados, directa o indirectamente en la producción de otros productos. Son parte de la materia prima para elaborar un producto, por ejemplo, la fábrica de neumáticos necesita hule para producir neumáticos. Pero cuando un vecino compra cuatro nuevos neumáticos está en el mercado del consumidor. Mercado pues, es la llave para planear un producto siempre y cuando las especificaciones del segmento de mercado tengan las necesidades por el producto.

Mercado de valores

El mercado de valores es lo que popularmente conocemos como Bolsa. Es un tipo de mercado de capitales, que se basa en el conjunto de entidades, y agentes financieros en el que se intercambian todo tipo de activos financieros, como acciones, fondos u obligaciones. Entre los diferentes actores del mercado de valores, podemos encontrar emisores, inversionistas, intermediarios y otros agentes económicos como los reguladores, las agencias de bolsa o las calificadoras de riesgo. Todos ellos se encargan de la emisión, colocación, intermediación, calificación y compra de los títulos que encontramos en el mercado bursátil.

¿Qué son los mercados de valores?

Cada vez hay más gente que se anima a gestionar sus ahorros

actuando en la **Bolsa**. Internet permite acceder a toda la información básica para comprender el funcionamiento y las claves necesarias para comprar y vender de forma positiva.

La definición de mercado de valores corresponde a la de un tipo de mercado de capitales en donde se opera sobre la renta variable y la renta fija, por medio de la compraventa de valores negociables.

Algo que permite la canalización del capital de los inversores y usuarios a medio y largo plazo. El proceso de emisión, colocación y distribución depende de los participantes que son los emisores, inversionistas, intermediarios y otros agentes económicos.

También son afectados en el proceso los valores negociables emitidos por parte de personas o entidades ya sean públicas o privadas. Son por ejemplo valores negociables: las acciones de sociedades y valores negociables equivalentes a acciones, las cuotas participativas de las cajas de ahorro, los bonos de titulización, las participaciones hipotecarias, los instrumentos de mercadeo monetario, las participaciones preferentes, las cedulas territoriales, los warrants, entre otros.

El mercado de valores tiene como objetivo **principal la permitir la circulación de capitales entre las diferentes partes**. De esta forma se consigue la canalización del capital por parte de los inversores hacia los usuarios que necesitan financiación.

Los mercados de valores permiten la transparencia y la libertad para realizar transacciones por parte de cualquier ciudadano y empresa, por lo que se permiten realizar políticas monetarias más seguras y activas que ayudan al desarrollo de la economía.

Características del mercado de valores

Entre las características más importantes del mercado de valores pueden encontrarse las siguientes: <u>Rentabilidad</u>: Al invertir en la bolsa de valores se espera obtener un rendimiento por esto. Algo que puede darse por dos vías: El cobro de dividendos. La diferencia entre el precio de venta y el de compra de los títulos. En otras palabras, con la plusvalía o minusvalía obtenida.

<u>Seguridad</u>: Estamos hablando de un mercado de renta variable. Esto quiere decir que los valores pueden cambiar al alza o la baja, según oscile el mercado. Como es evidente, esto representa un riesgo, ya que no se sabe con certeza si la inversión va a resultar en una ganancia. Las inversiones en títulos a largo plazo, tienen una mayor probabilidad de ser una inversión rentable y segura. Otra forma de reducir el riesgo a la hora de invertir, es la diversificación. De esta forma la probabilidad de tener pérdidas disminuye.

<u>Liquidez</u>: Existe una gran facilidad en la inversión en valores, por lo que comprar y vender se da con rapidez.

¿Qué son el mercado primario y secundario?

El mercado primario y el mercado secundario son dos tipos de contratación y negociación que difieren uno del otro en una gran medida. Tomando en cuenta esto se tiene las siguientes definiciones y diferencias:

Mercado primario

El mercado primario es la colocación o salida al mercado de nuevas acciones. Esto significa que son las acciones procedentes en directo de la empresa, y que por lo normal se venden por medio de una subasta.

La venta se da ya sea en un concurso público o la negociación directa. Y en caso de que ocurra en forma indirecta, al inmiscuirse los intermediarios financieros, se podrá realizar en tres maneras a su vez que son: **Venta en firme**: Independientemente de si se venden todas las acciones o no es un trato cerrado, con una venta en firme se cierra una cantidad de acciones por una cuantía determinada.

Acuerdo Stand-by: Esta es la forma más común entre varios intermediarios financieros que gestionan valores en simultáneo. Se cierra un preacuerdo entre la empresa emisora y el intermediario.

El intermediario realiza las ventas en múltiples tandas y va cerrando más paquetes accionariales según necesite ampliar el número de la empresa.

Best Effort: Es una venta directa a comisión entre intermediarios. La comisión ganada por las empresas emisoras de esas acciones está en función del precio de venta.

Mercado Gris: Su nombre se debe a que se trata del empleo de ciertas partes del mercado que las empresas no usan de modo habitual. Si bien no son ilegales, es un mercado no explorado, por lo que los conocimientos de su resultado real son inciertos.

Colocación Privada: Son acciones emitidas que se ubican en el mercado privado a una o varias personas en carácter privado, pero de forma directa.

Mercado secundario

El mercado secundario es el mercado en donde los valores que ya han sido emitidos y vendidos en el mercado primario, son manejados en tiempo real por vendedores y compradores. Algo que ocurre de forma simultánea y es ejecutado por operaciones directas o intermediarios financieros correspondientes.

Por tanto, el mercado secundario es el lugar donde las operaciones de compra y venta son realizadas. Son estas las que transforman el tejido económico y la productividad financiera desde una perspectiva de inversión y confianza.

¿Qué se negocia en el mercado de valores?

En el mercado de valores no solo se procede a contratar acciones sino a también negociar otros activos financieros como lo son obligaciones, bonos y derechos de suscripción. Es decir, todos estos activos financieros que las empresas han decidido vender o negociar para las necesidades de financiación que posean.

El **NASDAQ** (National Association of Securities Dealers  Automated Quotation) es la segunda bolsa de valores automatizada y electrónica de mayor tamaño en los Estados Unidos, y es la primera de Nueva York. Su tamaño es tal que su volumen de intercambio por hora es mayor a la de cualquier bolsa en el mundo.

En NASDAQ son más de 7000 acciones las que cotizan. Las empresas que participan se caracterizan por poseer un perfil de alta tecnología, informática y biotecnología. Tiene su oficina principal en Nueva York y sus índices más representativos son el Nasdaq 100 y el Nasdaq Composite.

El **Mercado de Valores** es una parte integral del sector financiero de un país, por ende, está ligado a dos aspectos fundamentales de la actividad económica: el **ahorro** y la **inversión**.

Estos aspectos son vitales para un país porque de ellos depende el crecimiento económico. Uno de los principales factores para que una **sociedad** salga del **subdesarrollo**, es su capacidad de ahorro, y como asigna esos **recursos** a las actividades productivas.

El mercado de valores, al funcionar basado en una libre **competencia**, estimula al máximo el ahorro ya que permite que se otorgue al ahorrante de manera plena el estímulo para que ofrezca sus recursos. Por esto en muchos países de Centroamérica y el Caribe, las bolsas de valores, al alcanzar cierto **volumen** de transacciones y complejidad de **operaciones**, se vuelven promotores de una **ley** que sirva de marco para sus actividades.

Bitcoin y Blockchain

Los partidarios de la agenda global del Gran Restablecimiento del **Foro Económico Mundial** están contemplando grandes

cambios para el sistema monetario mundial. Los planes que alguna vez pudieron haber sido descartados como pura especulación o teorías de la conspiración ahora están siendo promovidos abiertamente por personas que ocupan los niveles más altos de poder. El reciente aumento del Bitcoin a $ 1 billón en valor de mercado molestó a los banqueros centrales y a los funcionarios gubernamentales. Bitcoin podría convertirse en la moneda de elección para el comercio internacional dentro de siete años. Eso supone que los gobiernos no actuarán en conjunto para prohibir o cooptar la tecnología para garantizar que mantienen monopolios de curso legal.

De hecho, están entusiasmados con las perspectivas de reemplazar el efectivo en papel circulante con tokens digitales. Solo quieren asegurarse de que esos dígitos sean emitidos y controlados por gobiernos y bancos centrales.

Para 2025, el 10% del Producto Interno Bruto (PIB) global estará almacenando en tecnología de *Blockchain*.

Bitcoin y las monedas digitales se basan en la idea de un mecanismo de confianza distribuida llamado B*lockchain*, una forma de hacer el seguimiento de transacciones fiables. Esto dará mayor transparencia dado que B*lockchain* es, esencialmente, un libro de contabilidad global que almacena todas las transacciones.

Si los bancos centrales empiezan a emitir dinero digital, el dólar puede enfrentarse a una verdadera competencia como la manera dominante del mundo.

Cuando las mayorías de las personas oyen hablar de las criptomonedas basadas en B*lockchain*, piensan en monedas de propiedad privada como el *bitcoin*, *ripple* o *libra*.

Si los bancos centrales como la Reserva Federal de los Estados Unidos, el Banco Central Europeo y el Banco Popular de China empiezan a emitir monedas digitales administradas en una sola red B*lockchain*, se podría derribar el sistema monetario que ha dominado al mundo durante décadas. Esto creará una guerra de divisas, de tal manera que el *e-yuan* y el *e-euro* podrían acabar con el reinado del dólar. Consecuencia: un desbarajuste de todos los mercados mundiales.

Más arriba del B*lockchain* está **Blackrock**, organización que domina las grandes bolsas y monedas del mundo.

 BlackRock, Inc. es una corporación multinacional estadounidense de gestión de inversiones con sede en la ciudad de Nueva York. Fundada en 1988, inicialmente como administradora de activos institucionales de gestión de riesgos y renta fija, *BlackRock* es la administradora de activos más grande del mundo, con $ 8,67 billones en activos bajo administración en enero de 2021. *BlackRock* opera globalmente con 70 oficinas en 30 países y clientes en 100 países. Junto con *Vanguard* y *State Street*, *BlackRock* se considera uno de los tres grandes fondos indexados que dominan las empresas estadounidenses. *(Wilkipedia)*.

¿Quién es BlackRock?
Es la firma de gestión de activos líder mundial por patrimonio gestionado. Recientemente ha creado una nueva unidad de negocio, tras la consolidación de siete de sus divisiones de gestión activa.

Con presencia en España desde el año 1994, BlackRock ofrece una amplia gama de productos de inversión colectiva, con el compromiso de conseguir soluciones financieras a instituciones, profesionales e inversores particulares.

Su gestión, basada en la sostenibilidad a largo plazo, se ve reforzada con los criterios de inversión socialmente responsable.

La innovación, a través de cambios continuos para dar respuesta a las necesidades de sus clientes, está presente en los fondos de inversión BlackRock.

¿Cómo son los fondos de inversión BlackRock?

Como puede ser de esperar, el fondo de inversión BlackRock más rentable pertenece a la categoría de renta variable del sector tecnología. El BlackRock World Technology Fund ha logrado un rendimiento anualizado en los últimos tres años de nada menos un 34,31%.

No cabe duda de que Estados Unidos, con Silicon Valley a la cabeza, es la Meca de la tecnología. Sin embargo, según el criterio del gestor de este fondo de inversión BlackRock, no se puede dejar atrás la zona de Asia emergente, la cual presenta muy buenas perspectivas. El fondo tiene el 16,66% de su patrimonio invertido en esta área geográfica.

Estamos ante un fondo de inversión que ha conseguido la máxima calificación en el rating Mornignstar (cinco estrellas). Sin salir de los productos de inversión que han logrado obtener la quinta estrella de *Morningstar*, esta vez pasamos a tratar un fondo BlackRock totalmente diferente; ideado para aquellos inversores de corte más conservador.

El BlackRock Euro Short Duration Bond es un fondo de la categoría de renta fija diversificada a corto plazo, denominada en euros. Con una volatilidad a tres años de un 1,84%, tiene una calificación de riesgo de 3 sobre 7 en el indicador propuesto por la Comisión Nacional del Mercado de Valores.

BlackRock ha conseguido unos muy buenos resultados, por supuesto, ajustados a un producto perteneciente a la categoría de renta fija a corto plazo.

Estamos ante un fondo de inversión que, con un bajo riesgo, logra ofrecer rentabilidades positivas, sin renunciar a la liquidez y ventajas fiscales inherentes a estos productos financieros. Sectores con muy buenos resultados y perspectivas están presentes en la cartera de este fondo de inversión BlackRock: Tecnología (18,30%). Salud (18,00%). Servicios de comunicación (17,56%). Consumo defensivo (13,19%). Consumo cíclico (10,21%).

No obstante, la característica principal por la cual hemos seleccionado este fondo como uno de los candidatos a analizar, es su sólida estrategia y su limpia gestión. Basado en una cartera compuesta por empresas de primer nivel; como, por ejemplo: Amazon (2,99%). Microsoft (2,62%). Apple (2,46%). Jhonson & Jhonson (2,45%). Alphabet (2,43%).

Su riesgo se encuentra por debajo de la media de su categoría, mientras que su rentabilidad anual compuesta en los últimos tres años la supera en un 2,14%.

"Tierras raras"

Las tierras raras no son realmente "tierras", sino un grupo muy

variado de elementos químicos y tampoco son tan escasos en la Tierra, ya que algunos son bastante abundantes (el cerio, por ejemplo, es el elemento 25º en la tabla de abundancia en la corteza terrestre, parecido al cobre).

El nombre de tierras es heredado, porque en la historia de la química, a los óxidos se les llamaba tierras y a este grupo de elementos se les quedó pegado el nombrecito. Así que vamos a hablar un poco de estos "elementos escasos" y qué papel juegan en nuestra vida cotidiana y por qué se han convertido en minerales críticos.

 es el nombre común de 17 elementos químicos: escandio, itrio y los 15 elementos del grupo de los lantánidos (lantano, cerio, praseodimio, neodimio, prometio, samario, europio, gadolinio, terbio, disprosio, holmio, erbio, tulio, iterbio y lutecio). Hay que señalar que en esta clasificación no se considera la serie de los actínidos.

Aunque el nombre de «tierras raras» podría llevar a la conclusión de que se trata de elementos escasos en la corteza terrestre, algunos elementos como el *cerio*, el *itrio* y el *neodimio* son más abundantes.

Se las califica de "raras" debido a que es muy poco común encontrarlos en una forma pura, aunque hay depósitos de algunos de ellos en todo el mundo. El término "tierra" no es más que un vocablo arcaico que hace referencia a algo que se puede disolver en ácido. Dicho de otro modo, "tierra" es una denominación antigua de los óxidos.

Materiales muy difíciles de encontrar en estado puro que son básicos en el desarrollo de las tecnologías, de los que el 86% a nivel mundial lo comercializa el gigante asiático

Las tierras raras son un grupo de 17 elementos de la tabla periódica que poseen propiedades fundamentales para la industria tecnológica y que se utilizan en productos tan cotidianos como los teléfonos móviles, los electrodomésticos, los ordenadores, vehículos e, incluso, en dispositivos médicos. Todos ellos destacan, especialmente, por sus capacidades magnéticas, por lo que se convierten en indispensables para que sobrevivamos en la era tecnológica.

Se pueden encontrar en cualquier punto del planeta sin demasiada dificultad. Sin embargo, su gran secreto radica en las complicaciones para encontrar vetas abundantes en estado puro. Es decir, 'minas' en las que extraer mucha cantidad de material en su forma más natural posible. Y China es el lugar donde más abundan estos 17 materiales, con un 55% de las reservas de todo el mundo.

Elementos básicos de defensa de los ejércitos también dependen de ellos.

Mercado de Deuda

Los valores de deuda, representan un crédito que los inversionistas conceden a las empresas o al gobierno que emiten en papeles comerciales o los Bonos. Con estos instrumentos los emisores obtienen el recurso económico que necesitan para desarrollar sus proyectos, a cambio del cual pagan a los inversionistas un rendimiento (tasa de interés) previamente establecido.

Se comercia con instrumentos de deuda ejemplo: bonos, hipotecas del gobierno, certificados de inversión, préstamos.

Mercado de Acciones (accionario)

Está compuesto por las acciones de empresas, que ante la necesidad de recursos deciden no pedir prestado, sino aumentar su capital social mediante acciones. Por lo tanto, quienes compran sus acciones se convierten en socios de la compañía, con los **derechos** y **obligaciones** que ello implica. Un accionista de una_empresa puede obtener ganancias por dos vías por medio de la ganancia de capital obtenida al vender la **acción** a un **precio** superior al que lo adquirió y por medio de los dividendos repartidos por la empresa.

Un **mercado_de_capitales**, es como cualquier mercado donde compradores y vendedores se encuentran para intercambiar productos y **servicios**. Los compradores (inversionistas), son individuos e **instituciones** que poseen **el_dinero** (capital) para invertir.

Los vendedores son las compañías, gobiernos y otros inversionistas. Los productos que ellos venden son títulos – valores, **incluyendo** acciones, bonos y otros productos financieros que son intercambiados por dinero.

Viviendas

Cuando las acciones aumentan en valor, la gente tiende a ser optimista, y eso lleva a un mercado "caliente" de la vivienda. Los precios y tasas de interés de las hipotecas de las viviendas tienden a aumentar en aquellos tiempos y los prestamistas están dispuestos a hacer préstamos.

Explicado el significado de mercado, pasaré al capítulo de Mercadeo.

<u>MERCADEO</u>

Para muchos es una palabra intraducible ya que viene de la palabra **"Marketing"** y ésta es de origen inglés imposible de traducir al español. Hay muchos intentos realizados que han fracasado y en la actualidad casi todos los países del mundo han desistido de lograr un vocablo que en nuestro idioma puede significar lo que el gerundio inglés representa.

En México y Centromérica se conoce como Mercadotecnia; en Argentina como Comercialización y en España como Mercadología. Sin embargo, ninguno de estos sinónimos tiene la amplitud del vocablo inglés **Marketing**. Hay un nuevo nuevo término que se aplica a los dedicados al mercadeo, o marketing y sus aplicaciones, del cual no estoy de acuerdo: "Marketero". Insisto en que debe ser Técnico en Mercadeo, Licenciado en Mercadeo, por lo tanto, Mercadólogo o Mercadotecnista sería lo más cercano y elegante.

Todas las palabras mencionadas significan de algún modo la puesta de un servicio en el mercado, pero omiten la investigación y el planeamiento previo de ese servicio.

Es decir, arrancan desde el servicio existente, sin tener en cuenta los aspectos anteriores que dan vida al concepto de Marketing.

Sólo el término Mercadeo se acerca al sentido del vocablo inglés, aunque sin poder expresar el sentido dinámico del gerundio *ING* en inglés.

Muchas personas creen que Mercadeo sirve para disfrazar una actividad de la empresa o negocio con el objeto de designar con un nombre extraño a algo que se hace. Otras, pretenden aplicarlo en reemplazo de las ventas, porque se trata de un término que está de moda.

Pero Mercadeo no sólo es algo diferente a todo eso: es la más importante actividad que una empresa lleva a cabo.

Mercadeo, pues, es todo lo que ocurre desde y hacia el consumidor, el cliente, el público. La suma de actividades de una empresa orientada hacia el usuario, hacia el mercado, con el cuidado de perseguir la mayor rentabilidad, los mejores beneficios. Pero prestando el mejor servicio. No es que Mercadeo domine la empresa, sino que orienta a la empresa en la medida que todo lo que hace se inicia en el Mercado y va desde éste hacia la empresa y no al revés. No hay actividad más importante que otras dentro de Mercadeo, sólo dos valores decisivos: el consumidor y las utilidades.

El marketing es una cuestión de comunicación entre consumidores y productores.

La función específica de una empresa consiste en obtener resultados económicos del trabajo. Esa es la razón de su existencia. Pero los resultados económicos están siempre fuera de la empresa, se encuentran en el mercado, que es donde está el cliente.

Si el público no paga por ese trabajo que se produce dentro de la empresa, ese trabajo no vale nada, por muy eficiente que sea.

Mercadeo es un proceso de técnicas, un esencial manejo de funciones que se necesitan para crear la demanda de un producto.

En otras palabras, es la vía de poner un producto desde su creación hasta las manos del consumidor final.

Por esto, mercadeo es también la comunicación entre productores y consumidores.

El mercadeo viene a ser una de los más importantes elementos de diseño y venta de un producto. Conociendo quién es el comprador y cuáles son sus necesidades es más fácil tomar decisiones de mercadeo.

Toda esta combinación de elementos hace del mercadeo una industria.

Después de los años veinte se dio una saturación de productos en el mercado mundial y la idea de que el producto se vendía por sí sólo no funcionó. La competencia se incrementó y se vio la necesidad de especificar las ventajas del producto. Luego, en los años 30 se dio una depresión económica debido a la escasez de dinero, el incremento del número de productos hizo del mercado una fuerte competencia y un área reducida de mercado.

El mundo de los negocios desarrolló entonces, una serie de servicios para los dos lados: el vendedor y el comprador.

El mercadeo es hoy día una parte muy importante de cualquier negocio. El desarrollo del producto, su fabricación, y las ventas del mismo, están inmiscuidos directamente con el mercadeo.

Mercadeo es pues un proceso de técnicas necesarias para crear un manejo que cree la demanda de un producto; es la vía de poner un producto desde su fabricación hasta las manos del consumidor.

El mercadeo moderno se inicia con el consumidor. Las decisiones que los consumidores tienen para comprar el producto y la satisfacción como una necesidad.

Existen también algunas palabras mundiales relacionadas con el mercadeo:

El mercadeo en masa: Que es un estilo de mercadeo en el cual el productor produce un producto en abundancia y lo distribuye para atraer al consumidor a su compra.

Canales de mercadeo: Este es un método de organización de trabajo que tiene que ser hecho para mover mercancía de los productores para su compra.

Segmentación del mercado: ¿Cómo puede un producto ser óptimo para el consumidor, si ese producto encuentra las necesidades o demanda del mismo? El hecho de dividir el mercado entre distintos grupos de consumidores o dividiendo el mercado entre grupos homogéneos llamados subgrupos con el propósito de hacer un mercadeo más eficiente enfocado en diferentes objetivos de mercado.

En la segmentación del mercado, los consumidores son analizados y definidos en tres formas: demográficamente, psicográficamente y geográficamente.

Demográfico: Es la información medida de hecho, es decir, generalmente se encuentra en los informes de los censos. Esto incluye el número total de la población, la densidad de la población, su entrada *"per cápita"* su origen étnico, estado civil de las personas, empleo, edad, educación, sexo y otros. Esta información permite dividir entre segmentos el mercado objetivo. Esta forma demográfica muestra qué hace la gente.

Psicográfica: es la información del por qué la gente hace eso. Esto muestra una relación íntima del consumidor y del producto.

Geográfica: Es el análisis que revela el comportamiento del consumidor por áreas o zonas. Por ejemplo, ¿Por qué ciertos productos se venden mejor en un área que en otra?

Estos subgrupos de mercado, o segmentación del mercado son el objetivo de una compañía que los estudia como clientes potenciales.

La segmentación del mercado ha venido a ser un punto de partida esencial para el manejo de la división del mercado o industria que hace más manejable al consumidor con un grado de flexibilidad que permite al ejecutivo de un negocio o empresa a contemplar un rango de compradores
de los productos a lanzar en el mercado.

¿Cómo se divide un mercado?

Las bases para dividir un mercado son ilimitadas. Está al uso e imaginación del grupo del mercado que se desea establecer. La selección es restringida por factores como el monto de la competencia, la naturaleza del producto procesado, el círculo de vida del producto, la diferencia del producto en comparación con el producto de la competencia y otros pequeños detalles.

Las clases sociales
Teniendo como base los datos de un censo las clases sociales se pueden determinar como:

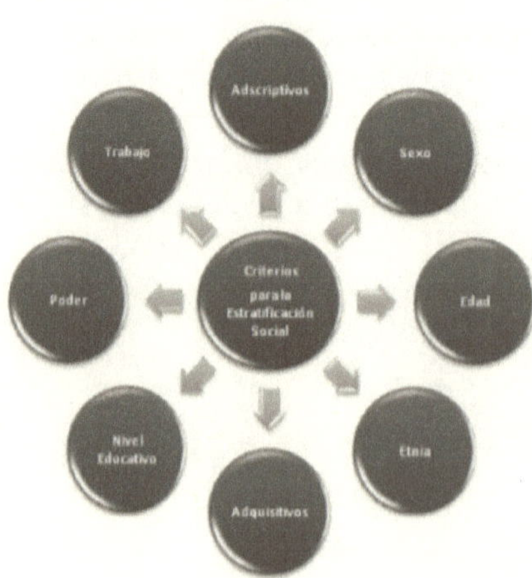

1. Clase alta
2. Clase media alta
3. Clase baja alta
4. Clase trabajadora

5.   Clase baja.

Generalmente, la clase alta representa un bajo porcentaje de la población. En ella están los profesionales, dueños de negocios, gerentes de importantes corporaciones y otros.

Esta clase consume productos de calidad. Ellos se quieren dar la imagen de ser siempre socialmente aceptables: niños con educación que estudian piano, drama, ballet y otros. Están tratando de aprender varias lenguas y creen en la alta cultura, participan en deportes de alto costo; prefieren vestir con ropas de algodón, seda, cuero; prefieren los colores azul marino, y pasteles.

Estos son generalmente, más confidenciales compradores y tienen mayor decisión de compra que otras clases sociales. Conocen un producto y lo evalúan.

Líderes de opinión

Esta es una persona que influye a otras a tomar decisiones de compra. No son necesariamente mejor educadas. Cada clase social tiende a tener sus propios líderes de opinión.

Algunas formas de mercadeo son orientadas a influir a estos líderes de opinión para que éstos a su vez, influyan en sus seguidores.

Auditoría de mercadeo

Es un sistema que estudia periódicamente el desarrollo ambiental del mercadeo, objetivos, estrategias y actividades con una panorámica para determinar los problemas del área y seguir un plan de acción según el problema que se encuentren, por ejemplo, de distribución, de comunicación, publicidad, medios, etc., que determinan a la compañía a desarrollar nuevos planes de acción.

Investigación de mercado

La investigación del mercado es un sistema que marca un problema a descubrir por parte de la empresa y/o obtener información específica que se aplica en la solución de un problema determinante para la empresa en el campo del mercadeo. Cuidadosamente planeada a través de la búsqueda de la información y encontrar una oportunidad para mejorar el mercadeo de la compañía. Esto es básicamente, la aplicación científica del método para mercadear.

Mercado negro

¿Qué es el mercado negro? El mercado negro o economía sumergida es un tipo de mercado en el que los bienes o servicios se comercializan ilegalmente. Debido a la naturaleza de las transacciones de éste, el mercado es forzado a operar fuera de la economía formal.

Los motivos más comunes para operar en los mercados negros son el contrabando, impuestos, controles a los precios y restricciones de cantidad y calidad.

Algunos ejemplos de mercados negros son: drogas ilegales, explotación sexual, trabajo forzado, armas y animales exóticos.

¿Qué es un monopolio?

Conocemos como monopolio a el tipo de estructura de mercado en la cual únicamente existe un único oferente de para un determinado bien o servicio, esto quiere decir que, existe únicamente una empresa que se encarga de dominar todo el mercado de oferta.

El monopolio se encuentra bajo lo que conocemos en el mundo de la economía como una forma de competencia imperfecta, en la cual un único productor o vendedor es quien tiene el control total y dicho productor tiene la libertad de fijar de manera libre sus precios al alza, perjudicando de esta manera muchos consumidores que necesitan obtener ese servicio. Por esto, en el sector de la economía, el monopolio de mercado no es eficiente y se considera hasta cierto punto una economía indeseable.

¿Qué es un monopsonio?

Contrario al monopolio, en este mercado hay muchos vendedores, pero solo un comprador en control de la demanda, que determina el precio de mercado. Un ejemplo es una comercializadora de bananos que compra toda la producción a los productores agrícolas de un país o región.

La mayoría de los países modernos cuenta con leyes anti-monopolio, esto es, con leyes que buscan prevenir la existencia de monopolios y sancionar conductas anticompetitivas de parte de las empresas.

Ahora, los monopolios pueden justificarse en algunos casos y por un período de tiempo limitado. Así, por ejemplo, cuando se quieren proteger los incentivos a la inversión en innovación y desarrollo, se puede permitir que la empresa que lance un producto o servicio innovador (por ejemplo, un medicamento de gran eficacia)

mantenga un monopolio temporal a través de una **patente**. De esta forma, podrá recuperar lo invertido y obtener una justa ganancia por el riesgo en que incurrió.

Existen ciertas excepciones contempladas en las leyes antimonopolio, a continuación, podemos ver dos ejemplos:

El primero se trata de la situación en la que una persona ha ideado un producto nuevo que ha **protegido mediante una patente**, en ese caso, existe un monopolio temporal.

La oficina de patentes concede al innovador un determinado tiempo para que sea el único que puede explotar la idea, esto se hace debido a que desarrollar nuevos productos habitualmente conlleva una serie de grandes inversiones de tiempo y capital que son difíciles de afrontar por una persona.

¿Qué es una Patente?Una Patente es un título que reconoce el derecho de explotar en exclusiva la invención patentada,

impidiendo a otros su fabricación, venta o utilización sin consentimiento del titular. Como contrapartida, la Patente se pone a disposición del público para general conocimiento. Forma parte del Derecho Industrial.

El derecho otorgado por una Patente no es tanto el de la fabricación, el ofrecimiento en el mercado y la utilización del objeto de la Patente, que siempre tiene y puede ejercitar el titular, sino, sobre todo y singularmente, "el derecho de excluir a otros" de la fabricación, utilización o introducción del producto o procedimiento patentado en el comercio.

La Patente puede referirse a un procedimiento nuevo, un aparato nuevo, un producto nuevo o un perfeccionamiento o mejora de los mismos.

La duración de la Patente es de veinte años a contar desde la fecha de presentación de la solicitud. Para mantenerla en vigor es preciso pagar tasas anuales a partir de su concesión.

Se exigen una serie de requisitos para que una invención pueda ser objeto de patente:

Novedad mundial. Actividad inventiva. Aplicación industrial.

Y, por otro lado, **no son patentables** las siguientes invenciones:

Los descubrimientos, técnicas científicas y métodos matemáticos. Las obras literarias o artísticas.

Los planos y métodos para el ejercicio de actividades intelectuales. Los programas de ordenadores.

Las variedades vegetales reguladas por la Ley de 1975.

Las razas animales y los procedimientos esencialmente biológicos para la obtención de vegetales o de animales.

Las invenciones contrarias al orden público o buenas costumbres.

Un ejemplo conocido lo tenemos con la ASPIRINA: los laboratorios BAYER en su momento desarrollaron el Ácido Acetilsalicílico y le pusieron la marca de" _aspirina_".

De esta forma, tras años de explotación de esa invención, los medicamentos genéricos se encuentran ahora en todas las farmacias a la mitad de precio con el mismo principio activo, pero compitiendo contra un simple nombre que ya se ha implantado en el mundo durante mucho tiempo.

El segundo de los ejemplos son los monopolios públicos o estatales, en este caso es un determinado estado el que controla todo el mercado de un determinado bien o servicio, en estos casos, en teoría, no existe peligro de altos precios y bajas calidades, ya que se generan con el fin de proveer de un determinado bien o servicio a toda la población de un país, bien o servicio que puede incluso ser no rentable,pero que los ciudadanos de ese determinado país consideran necesaria su existencia, (hay determinadas rutas de autobuses que no son rentables, por lo que las compañías de transporte privadas no las realizan).

¿Qué es la competencia monopolística?

La competencia monopolística es una estructura de mercado caracterizada por muchas empresas que venden productos similares, pero no idénticos, por lo que las empresas compiten por otros factores además del precio.
 La competencia monopolística se denomina a veces competencia imperfecta, porque la estructura del mercado está entre el monopolio puro y la competencia pura.
La eficiencia económica también es moderada. Los mercados competitivos ofrecen resultados eficientes, los mercados monopolistas muestran pérdidas de peso muerto – la competencia monopolística está en algún punto intermedio, no tan eficiente como la competencia pura pero menos pérdida de eficiencia que un monopolio. El principal beneficio de la competencia monopolística es el suministro de una amplia variedad de bienes y servicios.
El modelo de competencia monopolística describe una estructura de mercado común en la que las empresas tienen muchos competidores, pero cada uno vende un producto ligeramente diferente.
Para que exista la situación de monopolio es importante que la **demanda del bien sea inelástica** (es decir, es un bien que no puede simplemente dejar de consumirse si sube su precio) y que **no existan productos sustitutos** (que no hay otro bien que satisfaga la misma necesidad).
El caso en el que realmente solo existe un vendedor del producto es el llamado **monopolio puro**, donde una sola empresa domina totalmente la producción en una industria. Sin embargo, la situación de monopolio puro es muy infrecuente en el mundo real, y solo puede observarse en viertas actividades desempeñadas mediante concesión pública por parte del Estado.
Sin embargo, la forma más común de monopolio es aquella en la cual **una empresa ha alcanzado un tamaño y posee una cantidad de recursos tan grandes que prácticamente no dejan que cualquier otra empresa pueda competir** con ellas en la venta de un bien o un servicio.

Estas empresas monopolistas suelen ser grandes **compañías transnacionales**, que venden sus productos en cientos de países, a veces a través de la posesión de cientos de diversas marcas y patentes.

Además, una misma empresa puede tener una posición de monopolio en un país, mientras que en otro se da una situación de **competencia,** por lo cual la definición de monopolio depende del mercado del que se esté haciendo referencia.

La competencia monopolística como estructura de mercado fue identificada por primera vez en la década de 1930 por el economista estadounidense Edward Chamberlin y el economista inglés Joan Robinson.

Muchas pequeñas empresas operan bajo condiciones de competencia monopolística, incluyendo tiendas y restaurantes independientes. En el caso de los restaurantes, cada uno ofrece algo diferente y posee un elemento de singularidad, pero todos están compitiendo esencialmente por los mismos clientes.

Características

Los mercados monopolísticamente competitivos presentan las siguientes características:

Cada empresa toma decisiones independientes sobre el precio y la producción, basándose en su producto, su mercado y sus costos de producción.

El conocimiento está ampliamente extendido entre los participantes, pero es poco probable que sea perfecto. Por ejemplo, los comensales pueden repasar todos los menús disponibles de los restaurantes en una ciudad, antes de que hagan su elección. Una vez dentro del restaurante, pueden ver el menú de nuevo, antes de pedir.

Sin embargo, no pueden apreciar plenamente el restaurante o la comida hasta después de haber cenado.

El emprendedor tiene un papel más importante que en las empresas que son perfectamente competitivas debido a los mayores riesgos asociados con la toma de decisiones.

Hay libertad para entrar o salir del mercado, ya que no hay grandes barreras de entrada o salida.

Una característica central de la competencia monopolística es que los productos son diferenciados. Hay cuatro tipos principales de diferenciación:

Diferenciación física del producto, donde las empresas utilizan el tamaño, el diseño, el color, la forma, el rendimiento y las características para hacer que sus productos sean diferentes. Por ejemplo, la electrónica de consumo puede fácilmente diferenciarse físicamente.

Diferenciación de marketing, donde las empresas tratan de diferenciar su producto por embalaje distintivo y otras técnicas promocionales. Por ejemplo, los cereales de desayuno se pueden diferenciar fácilmente a través del empaquetado.

Diferenciación del capital humano, donde la empresa crea diferencias a través de la habilidad de sus empleados, el nivel de capacitación recibida, uniformes distintivos, etc.

Diferenciación a través de la distribución, incluyendo la distribución a través de correo o mediante compras por Internet, como Amazon.com, que se diferencia de las tradicionales librerías o tiendas por departamento vendiendo en línea.

Las empresas que operan bajo la competencia monopolística por lo general, tienen que recurrir a la publicidad. Las empresas a menudo están en una feroz competencia con otras empresas (locales) que ofrecen un producto o servicio similar y pueden necesitar anunciarse localmente para que los clientes conozcan sus diferencias.

Los métodos más comunes de publicidad para estas empresas son a través de las redes sociales, prensa local, la radio, el cine local, carteles, folletos y promociones especiales. Y los medios de comunicación social.

Se supone que las empresas competitivas monopolísticamente son maximizadoras de beneficios porque las empresas tienden a ser pequeñas y los empresarios participan activamente en la gestión del negocio.

A corto plazo, son posibles beneficios extraordinarios, pero a la larga, se atraen nuevas empresas a la industria, debido a las bajas barreras de entrada, el buen conocimiento y la oportunidad de diferenciarse.

¿Dónde existe una competencia monopolística?

Existe una competencia monopolística:

-Donde hay un gran número de vendedores, cada uno con una pequeña cuota de mercado;

-Donde hay poca interdependencia entre las empresas para que puedan cotizar su producto sin tener en cuenta la reacción de la competencia;

-Donde hay poca posibilidad de colusión para fijar precios.

Las empresas tienen cierto control sobre el precio, pero están limitadas por la estrecha sustitución de productos similares.

La diferenciación del producto

La competencia monopolística no puede existir a menos que haya al menos una diferencia percibida entre los productos proporcionados por las empresas de la industria. La principal herramienta de la competencia es la diferenciación de productos, que resulta de las diferencias en la calidad del producto, ubicación, servicio y publicidad.

La calidad del producto puede diferir en función, diseño, materiales y mano de obra. La ubicación suele ser un buen diferenciador de los productos. En general, las empresas que están más convenientemente ubicados pueden cobrar precios más altos. Del mismo modo, las tiendas que tienen horas extendidas también proporcionan comodidad.

Por ejemplo, si se necesita medicina para el resfriado en medio de la noche, puede ir a una farmacia de 24 horas para comprar el medicamento, aunque sea a un precio más alto, ya que se desea un alivio inmediato. Los servicios incluyen el tiempo de disponibilidad, la reputación de la empresa para el servicio o el intercambio de productos, y la velocidad de servicio.

Hay muchos ejemplos de diferenciación de productos en las economías modernas.

Los restaurantes sirven diferentes elementos en el menú a diferentes precios en diferentes lugares, proporcionando así diferentes grados de tiempo y utilidad local. Los almacenes de muebles venden diversos tipos de muebles hechos de diversos materiales tales como roble, nuez, arce, etc.

Los minoristas de ropa venden diferentes tipos de ropa a diferentes precios, donde la gente paga no sólo por su buena mano de obra, sino también por artículos que se adapten a su gusto. Los libros son un excelente ejemplo de competencia monopolística porque varían en sus precios, calidad de mano de obra, legibilidad, calidad de las ilustraciones o su ausencia, y difieren según el público objetivo y los temas, como libros de texto y novelas universitarias.

Cada categoría principal tendrá muchas categorías menores y las categorías menores también se distinguirán por los estilos de escritura de los autores.

Un nuevo frente de la competencia monopolística se produce entre los minoristas en línea. En este caso, su ubicación no importa realmente. Lo que importa es la conveniencia de comprar en línea, lo bien que se describen los productos y las recomendaciones de los productos por los consumidores que realmente compraron el producto. Otras cualidades importantes incluyen la confiabilidad de la empresa y las políticas de retorno.

Libre competencia

La libre competencia es una situación en donde cualquier persona o empresa es libre de participar en una determinada actividad económica ya sea como vendedor o como comprador. Cuando existe libre competencia, las empresas o personas son libres de entrar o salir de un mercado. Asimismo, tienen completa libertad para fijar el precio de sus productos con el objetivo de atraer las preferencias de los consumidores. Estos últimos por su parte, son libres de elegir qué productos quieren comprar y a qué oferentes quieren acudir. Todo esto ocurre cuando se comercia en un libre mercado.

Condiciones para que exista la libre competencia

Para que pueda existir la libre competencia en un mercado se debe contar con un marco legal adecuado y transparente que permita que los agentes económicos ejerzan sus libertades respetando los derechos de los demás.

Dentro de este marco legal, el Estado debe tener la facultad de:

•Investigar y sancionar a cualquier agente económico que busque restringir de manera injustificada la competencia. Generalmente esto se hace a través de la creación de una Ley de Competencia y de un organismo fiscalizador que es la agencia de Competencia.

•Revisar y modificar las regulaciones o normativas que podrían estar restringiendo la competencia.

•Establecer mecanismos para la protección de los derechos de los consumidores. Generalmente esto se hace a través de una Ley de derechos del consumidor y un organismo fiscalizador especializado.

Beneficios e inconvenientes de la libre competencia

La libre competencia tiene un efecto beneficioso en la economía ya que incentiva a las empresas a ser más eficientes, innovar y mejorar constantemente la calidad de sus productos con el fin de atraer la preferencia de los consumidores. Se desarrollan las investigaciones de mercado, los estudios de competencia y de precios. Las empresas más competitivas serán las únicas capaces de sobrevivir en el mercado y obtener utilidades.

La competencia beneficia directamente a los consumidores que terminan pagando menores precios y pueden optar a más y mejores productos que en el escenario de un monopolio o un escaso nivel de competencia.

Cuanta más libertad de competencia exista, más cerca estará un mercado de la llamada competencia perfecta.

La competencia es sinónimo de rivalidad entre empresas, la misma que puede manifestarse en el precio, la cantidad o la calidad de los productos o servicios que se ofrecen, o en una combinación de estos u otros factores que los consumidores valoran.

La libre competencia está basada en la libertad de decisión de los agentes que participan en el mercado, en un entorno en que las reglas de juego son claras para todos y se cumplen efectivamente.

Se basa fundamentalmente en la libertad tanto del consumidor, a quien no se debe privar de opciones para que elija libremente lo que mejor se adecue a sus necesidades, como del productor, quien debe tomar libremente sus decisiones empresariales.

La libre competencia es el mejor mecanismo para promover la asignación eficiente de recursos en el mercado. Esto se debe a que, para ganarse la preferencia de los consumidores, los proveedores bajan sus precios y mejoran la calidad de sus productos.

Como consecuencia de ello, los consumidores tienen más y mejores opciones a su disposición. Por este motivo, la defensa de la libre competencia es una de las políticas públicas más importantes para el desarrollo económico de un país.

¿Por qué es importante la Libre Competencia?

La existencia de la libre competencia como principio rector de toda economía de mercado representa un elemento central no únicamente para el desarrollo económico sino también en el aspecto social al permitir el ejercicio de la libertad de empresa. El libre funcionamiento de los mercados es la mejor manera de asignar bienes y servicios y asegura que estos sean producidos eficientemente y al menor costo, ofreciendo al consumidor final un bien de alto nivel de calidad y asequible dentro del mercado.

La libre competencia constituye un estímulo vital para las empresas de bienes y servicios, ya que permite que estas mejoren su oferta, obtienen resultados clave para la innovación, progreso tecnológico y la búsqueda de medios mucho más eficientes de producción, distribución y comercialización.

La libre competencia genera la creación de nuevas empresas, más empleos, genera más poder adquisitivo en las familias, lo cual reactiva la economía de los países constantemente.

Además, la libre competencia ofrece mayor seguridad de inversión a las empresas extranjeras, así como también la productividad nacional se afianza con bienes y servicios de alta calidad para el consumo, creando mayor innovación y producción para el bienestar de la economía y el consumidor final.

De manera precisa podemos puntualizar que la importancia de una libre competencia económica para las empresas de bienes y servicios en un país, permite una mayor eficiencia para los mercados tanto a nivel nacional como para la inversión extranjera. Así como, también, ofrece a la población mayor cantidad de opciones para adquirir productos o servicios determinados con mayor calidad y a precio rentables, fomentando el desarrollo económico e impulsando el crecimiento del poder adquisitivo de las familias, logrando mayores beneficios para la sociedad en general.

Una de las principales características de una economía de libre mercado es la existencia de numerosos mercados de bienes, servicios e insumos competitivos, lo que asegura que los recursos escasos sean asignados de manera eficiente. Esto permite que los consumidores finales puedan elegir lo mejor que se adapte a sus necesidades, logrando así una mejor relación de calidad-precio en todos los productos, de esta forma cuando se tiene un mercado competitivo las empresas tienen mayor éxito y ofrecen los bienes y servicios de mejor calidad o a menor precio que sus competidores.

Es en este sentido, es fundamental crear un entorno competitivo dentro de los mercados de bienes y servicios y evitar las tendencias monopólicas.

Beneficios de la Libre Competencia

- Crea riqueza a través de libre ejercicio de la competencia.
- Mejora estándares de calidad de bienes y servicios.
- Permite alcanzar el desarrollo socioeconómico de un país.
- Permite la libertad del consumidor a elegir.
- Ambientes políticos con libertades y participación.

MEZCLA DE MERCADEO

La Mezcla de Mercadeo es la vía por la cual el mercado se compone en una serie de técnicas que combinadas enfatiza los objetivos propuestos por la empresa para compartir el mercado como lo son: el producto, el precio, el punto de venta y la publicidad.

Estas cuatro partes son conocidas por los mercadólogos para entender mejor el estudio del mercadeo.

En mercadotecnia básica se nos enseña que, a base del éxito de la mezcla mercadológica entre el precio, el Producto, el Punto de Venta (Plaza donde se vende un producto o servicio) y la Publicidad (Promoción) reside en la coherencia interna que debe existir entre estas cuatro variables, conocidas también como las 4Ps.

Dicho de otro modo y a manera de ejemplo, un producto dirigido a un estrato social con un poder adquisitivo no muy alto debería tener un bajo precio, accesible al mercado al cual se pretende atender, con un acompañamiento en su promoción de acuerdo con el perfil del consumidor meta y ser distribuido en una Plaza que les sea familiar y que sea frecuentada por ellos. El no hacer esto es no estar enfocado al cliente, lo cual trae consigo en muchas ocasiones una utilización ineficiente de recursos que tarde o temprano se traduce en una disminución en los beneficios de la empresa o en la quiebra de la misma.

Estos elementos son los referidos en mercadeo como las **4Ps**.

PRODUCTO

La primera P. El producto es el objeto de utilidad o satisfacción que el comprador recibe como resultado de una compra, renta o intercambio. Tradicionalmente, el producto ha sido definido como una cosa que se compra de un vendedor. Tanto producto físico como servicio. Los consumidores compran un determinado producto o servicio y estos son destinados a satisfacer sus necesidades.

Otra vía para definir un producto es que: alguien compra un producto, pero realmente compra tres. El producto en sí, el servicio y la garantía que viene con el.

El producto puede ser clasificado en tres estatus:

a) Lujo. Son necesidades de alto precio. Por ejemplo: Vestidos de marca Cristian Dior. Contrariamente, una necesidad de bajo precio puede ser: pan, leche.

b) Productos de conveniencia. Son aquellas que el consumidor quiere obtener lo más rápido posible, ahorrando tiempo, dinero y esfuerzo. Normalmente, estos productos no son caros: cigarrillos, cerveza, periódico y aquellos productos que se encuentran en el supermercado.

c) Productos especiales. Son aquellos por los que se espera un riesgo para el consumidor a un relativo alto precio. El consumidor está inclinado a buscar diferentes alternativas a una sustancial suma de dinero: automóvil, muebles, lavadoras, computadoras.

Productos especiales son aquellos que el consumidor conoce y no acepta sustitutos: estampillas de colección, vinos.

Los economistas definen los productos como aquellos que son durables: un radio. Y los no durables: moda de vestir.

Nuevos Productos.

Cualquier cambio que se le hace a un producto existente entra en la categoría de un nuevo producto, como el estilo, color o modelo.

Entonces, el nuevo producto es la manera en que la empresa lo presente. Por ejemplo: 3M (productor del Scotch Tape) que introduce el Magic Plus Tape, que puede pegarse en el papel, pero es fácilmente removido sin dañar la superficie del papel. Estos productos son llamados "nuevos" por un tiempo limitado, generalmente un año.

¿Cómo muere un producto?

Todos los productos tienen un ciclo de vida. Estos, como los consumidores, nacen, crecen, se desarrollan y mueren. En el mercadeo, la planeación de un producto es muy importante en la planeación de la mezcla de mercadeo.

Si se toma en cuenta la competencia, todos están haciendo cosas muy rápidas, copiando ideas, productos que mueren rápidamente. Los mercadólogos han considerado la vida de un producto como un ciclo llamado: El ciclo de vida del producto. El ciclo de vida de un producto es dividido en cuatro partes:

a. Introducción al mercado. En este estrato las ventas son despaciosas mientras una nueva idea es introducida al mercado. Los consumidores no están pendientes del producto. Realmente ellos no saben del producto. Una campaña de información es necesaria para hacerles saber de los usos de ese nuevo producto.

b. Crecimiento del mercado. En este estado, las ventas crecen rápidamente, pero la empresa empieza a decaer porque la competencia ve la oportunidad de entrar en el mismo mercado.

c. Maduración del mercado. En este estado tanto la empresa como la competencia venden al mismo nivel. Alguna competencia abandonará el mercado. En Canadá, por ejemplo, la venta de carros, botes, televisores y lavadoras y secadoras están en un estado de madurez.

d. Declinación de las ventas. En este estado los nuevos productos reemplazan los viejos y los precios de la competencia de los productos en madurez decaen.

El ciclo de vida del producto varía y podemos decir que algunos como los juguetes tienen un promedio de 90 días, contrario a los 100 años que pueda tener el combustible por gas butano en los vehículos.

Todo esto sucede porque los productos o servicios, el mercado y la competencia cambian con el tiempo. Las actitudes y las necesidades del consumidor varían sobre la preferencia del producto y su ciclo de vida y las estrategias de la mezcla del mercadeo también cambian.

La investigación sobre las preferencias del consumidor es una herramienta básica en la industria moderna, por esto, se han creado los ajustes de productos para encontrar las necesidades del mercado y es conocido como planeación del producto.

Este concepto hace que la empresa tenga utilidades o pérdidas sobre un determinado producto, dependiendo de su planeación el producto entra en etapas de riesgo para el consumidor.

El empaque del producto

El término empaque se refiere a todos los recipientes en los que los productos son envasados para su venta al consumidor. Cuando nuestros ancestros empiezan a valorar sus bienes, la necesidad de protegerlos los lleva a usar

jícaras, pieles de animales y hojas como envoltorios. Es así como nace el empaque. La comida enlatada es un ejemplo de productos básicos cuya popularidad trascendió a través de los siglos, gracias a que el empaque era ligero, resistente y lo suficientemente barato para tirarlo después de usarlo.

La publicidad ha sido de gran ayuda para la industria del empaque. A finales del siglo XIX pueden verse ilustraciones de productos en periódicos, catálogos y carteles, en las que se muestran los empaques de la época, y se demuestra que un envase atractivo no sólo protege el contenido; también ayuda a venderlo.

Muchos de los productos que a principios del siglo XIX eran considerados de lujo, cien años después fueron vistos como bienes comunes. Para ese entonces, todos los materiales básicos de los envases que hoy usamos se empleaban de manera regular. El plástico llegó en 1912, en forma de pliegos de celofán, y revolucionó el mundo del empaque.

El empaque del producto es prácticamente la presentación; el encuentro visual entre su intento de compra y el producto; es el recipiente en que se encuentran los productos de manera temporal para su manipulación, transporte y almacenaje. El empaque también puede incluir el hecho de producir el recipiente o envoltura del producto además de diseñarlo para una presentación atractiva al consumidor.

El empaque sirve para proteger el contenido, ofrecer información sobre ingredientes, composición, requisitos y condiciones de uso y más. Incluso se suelen aprovechar para la promoción del producto si se diseñan con este fin. Debe proteger, conservar y ser resistente.

Puede tener un recipiente principal, uno secundario e incluso el de envío para almacenar, enviar e identificar el producto. Forma parte del empacado el etiquetado, que es la información impresa en el paquete.

El empaque es una parte fundamental del producto que al mismo tiempo altera el precio del producto en sí, porque además de contener, proteger y/o preservar el producto permitiendo que este llegue en óptimas condiciones al consumidor final, es una poderosa herramienta de promoción y venta.

De hecho, el empaque es el producto. Es lo que usted primeramente ve. El empaque puede tener un valor muy significativo en el total del producto.

Por tanto, podemos resumir la importancia del empaque en tres puntos fundamentales:

1) Es la parte o componente del producto que hace que éste llegue al consumidor o cliente final en las condiciones adecuadas.

2) Es el componente que puede ayudar a vender el producto; primero, logrando que el canal de distribución quiera distribuirlo (por ejemplo, al considerar que el producto es fácil de transportar, almacenar y manipular); y segundo, logrando una buena impresión en el cliente final de manera que desee adquirirlo.

3) Puede ser el elemento que permita establecer una ventaja diferencial con respecto a los productos competidores, en especial aquellos de igual calidad.

Contenido y protección de los productos: permite a fabricantes, mayoristas y detallistas vender productos en cantidades específicas, como litros y sus fracciones. En cuanto a la protección física, los empaques protegen a los artículos de roturas, evaporación, derrames, deterioro, luz, calor, frío, contaminación y muchas otras condiciones.

Promoción de productos: Un empaque diferencia un producto de los de los competidores y puede asociar un artículo nuevo con una familia de productos del mismo fabricante. Los empaques utilizan diseños, colores, formas y materiales con la intención de influir en la percepción de los consumidores y su comportamiento en la compra.

Facilidad de almacenamiento, uso y disposición:
Los mayoristas y detallistas prefieren presentaciones fáciles de embarcar, almacenar y colocar en los anaqueles.
También gustan de empaques que protegen los productos, evitan el deterioro o la rotura y alargan la vida de los productos en los anaqueles. Por su parte, los consumidores constantemente buscan artículos fáciles de manejar, abrir y cerrar, aunque algunos clientes deseen presentaciones a prueba de alteraciones y de niños. Los consumidores también quieren empaques reutilizables y desechables.
Adicionalmente a éstas tres funciones, también podemos mencionar la siguiente: Facilidad de reciclaje y reductor del daño al medio ambiente. Uno de los temas más importantes en los empaques de hoy es la compatibilidad con el ambiente. Algunas compañías utilizan sus empaques para centrarse en segmentos del mercado preocupados por el ambiente.
El propósito del "packaging" de un producto es proteger el producto de daños. El packaging no solo protege el producto durante el traslado desde la fábrica hasta los diferentes puntos de distribución, sino previene el daño mientras son apilados en los estantes de las tiendas. La mayoría de productos tienen algún tipo de packaging.
Por ejemplo, las sopas instantáneas deben tener un contenedor y un empaque, mientras que las manzanas solo un empaque para el transporte, mas no para vender el producto desde los puntos de distribución hasta las tiendas.

Atracción

Cómo luce un producto puede ser lo que llame la atención del cliente y este último decida mirar el producto mientras está en el estante. Por esta razón, muchas empresas llevan cabo estudios de mercado sobre esquemas de color, diseños y tipos de packaging para productos que sean los más atractivos para la audiencia meta.
Internacional.-. El empaque es la última oportunidad que tienen las marcas para influir en la decisión de compra de los consumidores frente al anaquel, razón por la cual la creatividad, ingenio e impacto de este elemento es primordial.

Por esta razón, hay marcas que llevan el empaque de sus productos a otro nivel para otorga al target un valor agregado funcional que resulta toda una innovación. El diseño del empaque de un producto es una tarea delicada y de vital importancia, por lo que es recomendable que participen en esa tarea diferentes áreas de la empresa: marketing, logística, producción, finanzas, área legal, entre otras.

El objetivo es que el empaque cumpla las funciones anteriormente detalladas, al mismo tiempo que cumple con las leyes o normativas de la industria o sector, y todo eso, a un precio razonable que no encarezca el producto al punto de no ser rentable o que sea rechazado por su mercado meta.

En síntesis, al momento de diseñar o encargar el diseño del empaque de un producto y su posterior producción, se debe tener muy en cuenta las leyes y normativas vigentes (si éstas existen), pensar siempre en los deseos y expectativas de los clientes, diferenciarse claramente de los competidores, tomar muy en cuenta las opiniones y sugerencias del canal de distribución, controlar el costo del empaque para que no sea prohibitivo, tener visión a largo plazo y tener siempre presente el cuidado del medio ambiente.

Para los envases existen diferentes estrategias:

Envases idénticos o con características muy comunes para los productos de una misma línea, facilitando la asociación y la promoción. (Siempre que la calidad sea buena).

Envases con un uso posterior, que permiten, una vez consumido el producto, su utilización para otros fines. Esta estrategia también se la utiliza temporalmente con fines de promoción.

Envases múltiples, en los cuales se ofrecen varias unidades, iguales o complementarias, con un precio menor al de la suma de las compras individuales.

También el envase múltiple se utiliza para presentar un surtido para regalo, a un precio superior justificado por la presentación adecuada a un regalo. Casos típicos son los productos de perfumería.

En el diseño de los envases deben tenerse en cuenta los aspectos ecológicos relacionados con su construcción y posterior desecho una vez consumido el producto.

Es conveniente indicar, cuando ello es efectivo, que el envase se ha fabricado con materiales reciclados o que posteriormente el envase vacío es posible de reciclar.

Códigos de barras. Si usted planea llegar con sus productos a supermercados o grandes tiendas, sus productos deben llevar el *Código de Barras*, sistema de codificación universal para todos

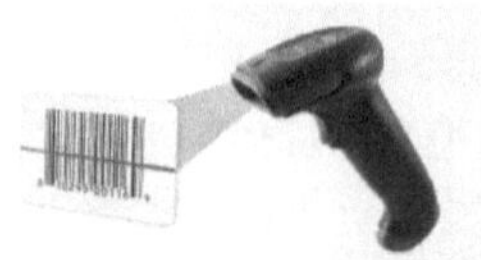

los productos y que impreso en su envase o etiqueta permite ser leído electrónicamente por cajeros y en bodegas.

En la actualidad, el "empaque" es una parte fundamental del producto, porque además de contener, proteger y/o preservar el producto permitiendo que este llegue en óptimas condiciones al consumidor final, es una poderosa herramienta de promoción y venta.

Promoción de productos: Un empaque diferencia un producto de los de los competidores y puede asociar un artículo nuevo con una familia de productos del mismo fabricante. Los empaques utilizan diseños, colores, formas y materiales con la intención de influir en la percepción de los consumidores y su comportamiento en la compra.

Facilidad de almacenamiento, uso y disposición:

Los mayoristas y detallistas prefieren presentaciones fáciles de embarcar, almacenar y colocar en los anaqueles. También gustan de empaques que protegen los productos, evitan el deterioro o la rotura y alargan la vida de los productos en los anaqueles.

Por su parte, los consumidores constantemente buscan artículos fáciles de manejar, abrir y cerrar, aunque algunos clientes deseen presentaciones a prueba de alteraciones y de niños. Los consumidores también quieren empaques reutilizables y desechables.

El diseño del empaque de un producto es una tarea delicada y de vital importancia, por lo que es recomendable que participen en esa tarea diferentes áreas de la empresa: marketing, logística, producción, finanzas, área legal, entre otras.

El objetivo es que el empaque cumpla las funciones anteriormente detalladas, al mismo tiempo que cumple con las leyes o normativas de la industria o sector, y todo eso, a un precio razonable que no encarezca el producto al punto de no ser rentable o que sea rechazado por su mercado meta.

En ese sentido, y en términos generales, recomiendo tomar en cuenta las siguientes consideraciones: Averiguar las leyes, normativas y regulaciones vigentes para empaques de su industria o sector. Para ello, puede realizar averiguaciones en las cámaras de comercio, asociaciones de su industria y entidades gubernamentales...

De ninguna manera se debe diseñar un empaque y mucho menos mandarlo a producir sin tener claro este punto, porque podría derivar en pérdidas, denuncias, multas y otras sanciones que podrían llegar a dañar la imagen del producto y de la empresa. Por ejemplo: en el área farmacéutica, la cantidad de mg. o mcg., debe ser exacta, de otra manera un investigador o curioso que encuentre alguna diferencia, bien puede aplicar una demanda a la compañía. De hecho, se han dado.

Luego, se debe averiguar los anhelos o expectativas del cliente acerca de cómo le gustaría que el producto llegue a sus manos, cómo le gustaría conservarlo o preservarlo, qué función le gustaría que cumpla el empaque después de adquirido el producto, qué formas, tamaños, colores y olores le llaman la atención, etcétera.

Ahora, para realizar ésta delicada tarea, se pueden llevar a cabo diversos grupos focales (*focus group*) con posibles clientes para averiguar todo lo anterior.

Luego, se debe encontrar la manera de diferenciarse de la competencia. Para ello, se debe tener en cuenta las leyes o normativas vigentes, las sugerencias de los clientes y las características de los empaques de los productos competidores; para de esa manera, encontrar el factor crítico de diferenciación.

En este punto, cabe señalar que no se debe perder de vista al canal de distribución. Es preciso conocer su opinión y sugerencias acerca de aspectos tan importantes como el transporte, almacenamiento, manipuleo y otros relacionados con la distribución.

Imagínese tener el empaque ideal desde el punto de vista legal, del cliente y que además tenga una clara ventaja diferencial con respecto a sus competidores, pero que el canal de distribución se niega a distribuirlo porque le resulta muy trabajoso y costoso transportarlo, almacenarlo y manipularlo...

Mientras se hace todo lo anterior, se deben realizar cálculos del costo que tendrá el empaque para determinar su viabilidad o para realizar los ajustes que sean necesarios, pero sin perder de vista las funciones que debe cumplir el empaque, las leyes o normativas vigentes, los requerimientos de los clientes y el factor diferenciador.

En todo momento, se debe descartar la opción de emplear un empaque que induzca al error al cliente, por ejemplo, con un tamaño que dé a entender que la cantidad del producto es mayor a la de los competidores. Los clientes no tardarán en darse cuenta de esa situación y sentirán que fueron engañados.

Pensar a largo plazo.

Considerar que los clientes se irán familiarizando con el diseño del empaque, así que no será muy conveniente cambiar de diseño a no ser que se tenga una razón que se traduzca en un mayor valor para el cliente.

Considerar seriamente el cuidado del medio ambiente. Por tanto, el empaque debe ser *"amigable"* con el medio ambiente; para ello, y en términos generales, debe ser fácil de reciclar y provocar el menor daño posible al medio ambiente.

En síntesis, al momento de diseñar o encargar el diseño del empaque de un producto y su posterior producción, se debe tener muy en cuenta las leyes y normativas vigentes (si éstas existen), pensar siempre en los deseos y expectativas de los clientes, diferenciarse claramente de los competidores, tomar muy en cuenta las opiniones y sugerencias del canal de distribución, controlar el costo del empaque para que no sea prohibitivo, tener visión a largo plazo y tener siempre presente el cuidado del medio ambiente.

Aunque las botellas siguen siendo uno de los plásticos más fácilmente reciclables, un número creciente de comunidades están recogiendo y reciclando otros envases rígidos de plástico, tales como tinas, cubetas y tapas. Y muchos supermercados y cadenas de distribución invitan a los consumidores a devolver las bolsas de plástico utilizadas para reciclarlas.

A través de estos programas, los plásticos se recogen y procesan para su reciclado y utilizan para crear la segunda generación de productos que van desde telas, los contenedores de detergente, alfombras, madera compuesta para terrazas al aire libre, entre muchos otros productos.

No obstante, éste gran invento, el plástico, se ha convertido en un gran problema ambiental de proporciones mayores ya que luego de décadas, el consumo de productos empacados en plástico es más rápido que el reciclaje, de tal forma que 100 millones de toneladas de plástico

van a parar al mar anualmente, creando, ahora sí, islas de plástico de cientos de kilómetros flotando en el mar.

La Isla de Basura en el Pacífico ya es más grande que Francia y preocupa a la humanidad.

En el mes de mayo de 2019, reunidos 1700 científicos de 180 naciones, reunidos en Ginebra, Suiza, acordaron que el plástico es un desecho peligroso. De facto, China prohibió la importación de productos emplasticados. Es así como cada gobierno tendrá que dar solución al plástico.

Esto pone en jaque a miles de productos que usan plástico como envase. Es posible que regresemos al vidrio y cartón como base del empaque.

Los plásticos han hecho posibles muchas cosas maravillosas, pero, como escribimos en 2018, resulta que muchos de los compuestos utilizados para hacer que el plástico sea suave y flexible (como los ftalatos) o para hacerlos más duros y fuertes (como el bisfenol A o BPA) son disruptores endocrinos consumados. Los hombres con exceso de ftalatos en sus cuerpos, por ejemplo, producirán menos testosterona y, como resultado, menos espermatozoides.

Eso es lo que tenemos que ver: también nos estamos exponiendo. Tal vez no tengamos un anillo de plástico alrededor del cuello, pero sí tenemos plásticos entrando en nuestro cuerpo que afectan nuestros espermatozoides y, en las mujeres, nuestros óvulos. Esa traducción es lo que es tan difícil, y eso es en lo que estoy tratando de trabajar con este libro, para educar a la gente sobre el riesgo al que nos enfrentamos con estos plásticos.

Hablemos de eso por un momento. Por ejemplo, cuando sostengo una bolsa de plástico o uso algún tipo de crema para después del afeitado que viene en una botella de plástico, ¿estos productos químicos simplemente se filtran en mi cuerpo y luego se meten con mi esperma? Una de las propiedades de estos plásticos es que aumentan la absorción. Y se incluyen en nuestros productos de cuidado personal específicamente por ese motivo. Cuando se pone una crema en el brazo o la mano, no quiere que esté allí media hora más tarde. Los ftalatos en ese producto en realidad aumentan esa absorción. Desafortunadamente, las otras formas en que entran son a través de nuestra comida y nuestras bebidas. Hay muchas formas en que entran en nuestra comida, y la comida es la principal fuente de exposición a los ftalatos. Si tienes un tubo de plástico blando, pasas comida a través de él, contiene ftalatos; eso es lo que lo hace suave. Los ftalatos no se unen químicamente: abandonan el plástico; entran en la comida; entran en el contenedor; entran en nosotros. Cualquier alimento procesado tiene un alto riesgo de contener ftalatos. De ahí tu mensaje sobre la dieta mediterránea, cuando se trata de lo que debemos
La epidemióloga Shanna Swan

PRECIO

La segunda P. El precio es uno de las cuatro variables del mercadeo y su gerencia. La decisión sobre los precios es de suma importancia porque ellos afectan el número de ventas que una firma planea vender y cuanto dinero se recibe sobre el producto.

El precio es el monto que se paga por un producto o servicio. Es la propiedad subjetiva que le da valor a las cosas para satisfacer las necesidades humanas, y el valor es aquello que motiva cualquier transacción.

Este paquete cuando está bajo control, es el *Modelo del Valor* que se va formando a medida que la empresa va diseñando, comprando, fabricando, controlando, administrando, vendiendo, etc. Modelo de Valor es la combinación de cosas y experiencias que crean en el cliente una percepción del valor total recibido. Las diferentes personas involucradas son las que van a sumarle o restarle valor a lo entregado.

Esto se le conoce con el nombre de *Cadena de Valor*.

Reacciones en la satisfacción del valor son aquellas que muestran los clientes insatisfechos o satisfechos del valor de un producto.

El silencio del cliente no debe ser tomado como un síntoma de satisfacción, porque el 90% de los clientes insatisfechos no se quejan, aunque transmitirán su frustración a 11 personas aproximadamente. En cambio, aquellos que están satisfechos lo dirán a lo sumo a 3 personas.

6 pasos para determinar el precio de tu producto

¿Cuánto me cuesta producir este producto? ¿Cuánto quiero ganarle?, pues se trata de un negocio que debe generar sus propios recursos.

De acuerdo con la "Teoría de los Precios" de Milton Fridman, la fórmula para estimar costos es la siguiente:

•Costos fijos totales + Cálculo de costos variables totales = La suma de costos fijos y variables.

•La suma de costos fijos y variables / Su producción total estimada = Costo por unidad de producción.

Con base en los factores mencionados, puedes determinar el porcentaje de utilidad. Si deseas utilizar el 30%, por ejemplo, agrega el porcentaje de utilidad del 30% al 100%. Multiplica el 130% por el costo de tu producto. Eso te dará el precio de venta para tu producto.

Pero si se trata de pasos, te recomendamos lo siguiente para fijar tus precios:

1. Identifica y evalúa el mercado al que tu producto o servicio va dirigido. Conoce a quienes les ayudarás a resolver una necesidad, dónde se encuentran, qué edades tienen, cuántos son y cómo actúan.

2. Estudia la oferta de tus competidores. Siendo realista, no hay industria en la que no exista competencia, así que analiza cuál es el precio que actualmente está ofreciendo tu competidor: si es un precio elevado, muy bajo o razonable.

3. Sobre tu producto o servicio, ¿es simple o complejo? Define si es duradero o no duradero. Un producto no duradero es un producto que cumple una necesidad básica e inmediata, que se consume de forma rápida y por lo tanto tiene un precio bajo.

4. Establece tus costos fijos y variables. Para ello es necesario que cuantifiques los costos fijos que deberás cubrir mes a mes para que tu producto pueda estar en el mercado; un ejemplo de estos costos es: luz eléctrica, sueldos, teléfono, alquiler, etc. Por otra parte, los costos variables son los costos que van totalmente relacionados con tu cantidad de producción, es decir, es la materia prima de la que está hecho tu producto la mano de obra que en algunos casos se conoce como "maquila" en el caso de la ropa.

5. Define tu porcentaje de utilidad deseado. Una vez que identificaste los costos de tu producto el siguiente paso es simple: ¿Cuánto quieres ganar o cuánto crees que tu producto vale? Te recomiendo que lo asignes en porcentaje porque así te será más sencillo el manejo de tu negocio, defínelo en términos como: "Quiero tener un margen de utilidad del 25% por cada producto vendido". Agrega: cuántas unidades deseas vender, piensa en las futuras promociones y descuentes en caso de que la competencia reduzca precios contra tus productos.

6. Evalúa tu propuesta de valor. Hacer este análisis es fundamental y es necesario que tomes en cuenta:

• ¿Qué propuesta le estás dando a tus futuros clientes?

• ¿Qué valor les dará tu producto o servicio para resolver sus necesidades?

•Tu producto, ¿hace una combinación adecuada entre costos variables bajos y un buen producto de calidad?

¿Qué tan eficaz serás en resolver sus necesidades comparándote con la competencia?

Qué es un margen de ganancia o de utilidad y su importancia

Al hablar del margen de ganancia o de utilidad me refiero a la rentabilidad de un producto; servicio o negocio, en otras palabras; el margen de ganancia te debe de indicar el rendimiento de un producto al ser vendido.

Este se refleja en porcentaje 10%, 20%, 50%, etc. Entre más grande sea el número, mayores beneficios se obtendrán al vender dicho producto, servicio o negocio.

Métodos para determinar tu margen de ganancia

Existen diversos métodos para determinar el margen de ganancia de tus productos o servicios; hoy quiero mostrarte el más sencillo y que es utilizado en bastantes empresas. Estos costos claves lo maneja el contador de tu empresa o tú mismo en tu libro de costos.

Este método nace al sumar un margen de utilidad deseado; al costo del producto, es decir, se toma el costo unitario del producto y le sumas una cantidad adicional; expresada en porcentaje, como margen de utilidad.

Precio = Costo unitario + % de utilidad

Esta fórmula por más sencilla que se pueda apreciar tiene dos vertientes o fórmulas que deberás de tomar en cuenta si quieres aplicarlo en tu negocio.

La primera fórmula es: Precio = Costo Unit + (Costo Unit. * % de utilidad)

La segunda fórmula es: Precio = Costo / (1 - % de utilidad)

Cómo calcular el margen de ganancia

Para entender estas fórmulas hagamos un ejemplo real; supongamos que tienes un producto con un costo unitario de $64.00 y el margen de utilidad que quieres para ese producto es del 25%, de modo que; ambas fórmulas quedarían de la siguiente manera:

Fórmula 1:

Precio = 64 + (64 x .25) = 64 + 16 = 80

Formula 2:

Precio = 64 / (1 - .25) = 64 / .75 = 85.33

En otras palabras, si el costo unitario ha sido de $64.00 y le aumentamos el 25% de margen de utilidad como se hizo en la primera fórmula, el precio final del producto es de $80.00. Al hacer un 25% de descuento la cantidad resultante sería una perdida, cuando se supone que debe de quedarte el costo unitario del producto.

Los costos de producción (también llamados costos de operación) son los gastos necesarios para mantener un proyecto, línea de procesamiento o un equipo en funcionamiento. En una compañía estándar, la diferencia entre el ingreso (por ventas y otras entradas) y el costo de producción indica el beneficio bruto.

Esto significa que el destino económico de una empresa está asociado con: el ingreso (por ej., los bienes vendidos en el mercado y el precio obtenido) y el costo de producción de los bienes vendidos. Mientras que el ingreso, particularmente el ingreso por ventas, está asociado al sector de comercialización de la empresa, el costo de producción está estrechamente relacionado con el sector tecnológico; en consecuencia, es esencial que el tecnólogo pesquero conozca de costos de producción.

El costo de producción tiene dos características opuestas, que algunas veces no están bien entendidas en los países en vías de desarrollo. La primera es que para producir bienes uno debe gastar; esto significa generar un costo. La segunda característica es que los costos deberían ser mantenidos tan bajos como sea posible y eliminados los innecesarios. Esto no significa el corte o la eliminación de los costos indiscriminadamente.

Por ejemplo, no tiene sentido que no se posea un programa correcto de mantenimiento de equipos, simplemente para evitar los costos de mantenimiento. Sería más recomendable tener un esquema de mantenimiento aceptable el cual, eliminaría, quizás, el 80-90% de los riesgos de roturas. Igualmente, no es aconsejable la compra de pescado de calidad marginal para reducir el costo de la materia prima. La acción correcta sería tener un esquema adecuado de compra de pescado según los requerimientos del mercado y los costos. Usualmente, el pescado de calidad inferior o superior, no produce un óptimo ingreso a la empresa; esto será analizado posteriormente.

Otros aspectos entendidos como "costos" a ser eliminados (por ej., programas de seguridad de la planta, capacitación de personal, investigación y desarrollo), generalmente no existen en la industria procesadora de pescado de los países en vías de desarrollo. Desafortunadamente en el mismo sentido, los costos para proteger el medio ambiente (por ej., el tratamiento de efluentes) son en forma frecuente ignorados y, en consecuencia, transferidos a la comunidad en el largo plazo o para futuras generaciones.

Cuando se analiza la importancia dada al costo de producción en los países en vías de desarrollo, otro aspecto que debería ser examinado respecto a una determinada estructura de costos, es que una variación en el precio de venta tendrá un impacto inmediato sobre el beneficio bruto porque éste último es el balance entre el ingreso (principalmente por ventas) y el costo de producción. En consecuencia, los incrementos o las variaciones en el precio de venta, con frecuencia son percibidos como la variable más importante (junto con el costo de la materia prima), particularmente cuando existen amplias variaciones del precio.

Un ejemplo de esta variación en el precio de venta se muestra en la Figura 4.1. En este caso, los precios de venta de conservas de atún en salmuera (48 latas × 182 g) importado por EE. UU y Europa de Tailandia durante 1993, muestran variaciones superiores al 25,75% y 28,58%, respectivamente.

1. COSTOS VARIABLES (directos):
1.1. Materia prima.
1.2. Mano de obra directa.
1.3. Supervisión.
1.4. Mantenimiento.
1.5. Servicios.
1.6. Suministros.
1.7. Regalías y patentes.
1.8. Envases.

2. COSTOS FIJOS
2.1. Costos Indirectos
2.1.1. Costos de inversión:
2.1.1.1. Depreciación.
2.1.1.2. Impuestos.
2.1.1.3. Seguros.
2.1.1.4. Financiación.
2.1.1.5. Otros gravámenes.

2.1.2. Gastos generales:
2.1.2.1. Investigación y desarrollo.
2.1.2.2. Relaciones públicas.
2.1.2.3. Contaduría y auditoría.
2.1.2.4. Asesoramiento legal y patentes.
2.2. Costos de Dirección y Administración
2.3. Costos de Ventas y Distribución

En el descubrimiento de los costos bajos para producir vehículos, ropa y miles de otros productos, la novedad como país maquilador ha sido China.

¿Qué es la demanda?

Demanda es la cantidad de un producto deseado por los consumidores en un determinado momento.

PLAZA O PUNTO DE VENTA

La tercera P. Este es la tercera variable de la mezcla de mercadeo. Es la distribución del producto y es muy importante porque aquí se está pensando dónde estará el producto o servicio al alcance de los consumidores. Lo importante en este punto es la planeación. La distribución planeada es una decisión sistemática sobre la transferencia de dueño de productos o servicios de los productores a los consumidores. Transporte, almacenamiento, y las transacciones comerciales del consumidor.

Bodegas, agentes, y representantes son llamados los canales de distribución. Un canal directo es un canal corto de distribución: productor y consumidor.

Un canal indirecto es un canal largo, estos tienen más intermediarios o agentes de negocios que revenden o agregan valores de comisiones al producto.

Servicio. Un servicio es intangible. Es decir, no se puede ver o tocar. Esto hace dificultoso que el consumidor inspeccione el servicio antes de la compra. El servicio no puede ser enseñado físicamente y demostrado o ilustrado de la misma forma que un producto. Por ejemplo: Un examen médico.

Los servicios pueden ser considerados en dos partes:

-Acciones tangibles: Salud, transporte, salón de belleza, ejercicios clínicos, restaurantes y servicios de limpieza.

-Acciones intangibles: Son los servicios directos a la mente de la gente: educación teatro, museos, servicios legales, seguridad, seguros de vida, servicios contables.

PUBLICIDAD

La cuarta P. La cuarta variable de la mezcla de mercadeo es la publicidad que incluye comunicación y promoción. Esta llave es la más visible de la mezcla de mercadeo.

La publicidad es tan antigua como la raza humana. Desde que el hombre empezó a mercadear tuvo la necesidad de dar a conocer sus mercancías. La simple oferta personal de trueque en los primeros tiempos, el reclamo y la competencia hechos a viva voz más tarde, en las ferias, los mercados, etc., luego los anuncios murales y en todos los tiempos las formas de los sistemas particulares que ha hallado la imaginación humana hasta llegar a los medios amplios y generales.

La mezcla del arte con la influencia psicológica ha determinado de la publicidad, una verdadera técnica.

La mera enunciación de algunas voces de la psicología, costumbres e imaginación, asociación de ideas, memoria, razón, emoción, instinto, sentidos, deseo y voluntad, abre amplio cauce a la reflexión del que utiliza espacios para influir sobre el público.

La palabra *"publicidad"*, en su origen etimológico, tiene una raíz latina del verbo *"publicare"*, cuyas acepciones podían ser tanto el extraer tributos públicos como el hacer manifiesto de algo y de dominio general.

La publicidad fue, desde sus orígenes toda labor informativa aplicada con fines comerciales. En sus principios históricos todo comerciante informaba sobre los bienes y servicios que podían prestar a fin de atraer una posible clientela.

La publicidad primero informa y seguida forma sobre sus valores, promueve la venta.

Según el economista *Taylor*, la publicidad es informativa cuando domina la demanda de productos. Y es persuasiva cuando se refiere a situaciones de competencia.

La publicidad es la dispersión pagada de la información con el propósito de venta o de ayudar a vender bienes y servicios, o para conseguir la aceptación de ideas que puedan obligar a pensar o actuar de una forma determinada.

La publicidad es un proceso por medio del cual se busca persuadir a un público consumidor para crear la preferencia de bienes y servicios de un patrocinador o provenientes de un patrocinador. Y es una técnica especializada para la comunicación múltiple.

El Ejecutivo de cuentas

¿Qué es un ejecutivo de cuentas?

El Ejecutivo de Cuentas o publicista, es el título que se le da a un profesional de publicidad que mantiene relación entre el cliente

y la agencia. Es decir, el que maneja *"la cuenta"* de un cliente. El ejecutivo de cuentas puede tener varias cuentas, preferiblemente que no compitan entre sí. Consiste en comprender los objetivos

publicitarios del cliente, en obtener de él la información clave sobre el producto, el mercado y el público objetivo, y en poner en marcha al equipo de personas que dentro de la agencia va a preparar la propuesta de campaña; si éste la aprueba, se ocupará además de coordinar todo el proceso de realización y producción de la campaña en cuestión.

En definitiva, la clave de la labor de un ejecutivo de cuentas es dirigir el trabajo y el esfuerzo de todos los que intervienen en un mismo proyecto dentro de la agencia de publicidad, y además hacerlo en los tiempos establecidos.

Suelen ser las personas más pacientes del mundo. Son los que siempre deben buscar el acuerdo y el entendimiento tanto con los anunciantes, como con los integrantes del resto de departamentos de la agencia: creativos, diseñadores, planeadores productores, etc. ¡Y esto no siempre es fácil! Además, suelen tener una gran capacidad de comunicación y un gran don de gentes.

El correo electrónico, la agenda y el teléfono son quizás las herramientas fundamentales en su día a día. Grandes responsabilidades recaen sobre ellos, con lo cual, suelen ser muy organizados, poseen una visión muy planificadora, y todo lo ejecutarán teniendo un *"timing"* en mente. Por último, suelen ser los más elegantes vistiendo dentro de la agencia.

Debe tener amplios conocimientos en mercadeo, en su competencia, en realizar presupuestos y el peso publicitario a cada medio según el producto.

Al final, todo esto se plasma en una campaña publicitaria del cliente en donde incluye medios, coordinación de medios y en qué tiempo o lugar insertar una cuña o anuncio según los objetivos y característica del servicio del cliente.

En publicidad, los ejecutivos de cuentas son la conexión entre los clientes y todo el personal creativo y demás componentes de la agencia de publicidad. Los ejecutivos de cuentas planean campañas publicitarias para sus clientes y son los responsables de la coordinación de todos los aspectos del trabajo administrativo y creativo.

Es una carrera gratificante que puede generar una buena remuneración y grandes satisfacciones y éxitos personales, pero también significa mucho trabajo que requiere de hábitos laborales y personalidad específicos. Normalmente cuentan con un título universitario o una gran experiencia en publicidad y relaciones públicas.

Debe de ser una persona muy dinámica, activa, analítica, pero sobre todo con vocación al servicio, ya que el puesto requiere de mucho contacto con clientes. Debe de conocer muy bien los productos de la empresa y saber cómo hablarles a los clientes, ya que cada uno es diferente en lo que busca.

Otra de las habilidades es que debe de ser una persona organizada y ordenada, más que todo cuando realice eventos para las empresas. Debe de pensar en todo para no tener inconvenientes a último momento.

La forma tradicional de hacer publicidad por parte de las empresas que conforman a la industria publicitaria ha tenido que cambiar. Los consumidores están más informados y ello les permite tener un mayor poder sobre el consumo de medios como hasta ahora nunca antes se había visto.

La aparición de una serie de nuevos medios en el ámbito de lo digital y la necesidad de obtener resultados positivos en los estados financieros de los anunciantes han obligado a los profesionales de la mercadotecnia, a los medios de comunicación y en especial a las empresas publicitarias, a innovar o morir en medio de un entorno sumamente cambiante.

Así pues, puede decirse que desde hace unos años la industria publicitaria está viviendo por otra, los anunciantes demandan a dichas agencias un ejercicio responsable de sus presupuestos, así como un abaratamiento de los espacios publicitarios en los medios de comunicación y en la elaboración de nuevas propuestas de valor al consumidor.

Se está reconfigurando el Complejo Publicitario tras la irrupción de internet y los medios digitales, así como examinar los principales cambios que se están produciendo hacia el interior del mismo y sus posibles repercusiones.

Así pues, los actores sociales, ciudadanos y consumidores de todo el mundo están utilizando esta nueva forma de comunicación en beneficio de sus propios intereses ya que les permite, por una parte, tener un control sobre la información que reciben y por otra, producir contenidos para otros construyendo horizontalmente su propio sistema de comunicación de masas a través de herramientas como los mensajes de texto, blogs, podcasts o wikis, por citar algunos. Por otra parte, la publicidad es una fuente de ingresos importante para los sitios pequeños de internet y estos a su vez constituyen la mayor fuente de ingresos de la industria publicitaria online (publicidad digital).

Así, yo soy testigo de la era predigital y como Ejecutivo de Cuentas planteábamos las necesidades del cliente sobre su producto o servicio en una Junta Creativa y sobre esto, el arte en manos de un experto jugaba un papel importantísimo.

Elaborado un texto con la información, los dibujantes y creativos del arte expresaban sus ideas en dibujos en color o blanco y negro para ser presentados al cliente. Eso, al entrar la era digital acabó con ese servicio, mas, sin embargo, todos tuvimos que adaptarnos a la era digital que empezó a desarrollarse en los años 90; cuando una computadora de 8 megas era un fenómeno.

Cuando salió por primera vez la Windows 95 para dejar de trabajar con el DOS de la computadora; y salió el primer USB de 100 megas llamado Zip Driver que fue reemplazado enseguida por un USB de 1 Giga hasta en estos días que han pasado de los Gigas a los TB que se refiere a la cantidad de información en terabytes que una computadora puede almacenar.

Hoy llegan a los 5 TB que contienen 5 mil Gigas. ¡Y hoy se trata de pasar a la dimensión del **Zettabyte**; ¡de capacidad para almacenar mil millones de gibabytes, en donde alcanzarían 110 millones de películas de dos horas de duración de alta definición (AD)! Como dice la canción: *"cambia todo cambia…"*

TÉCNICAS DE LA PUBLICIDAD

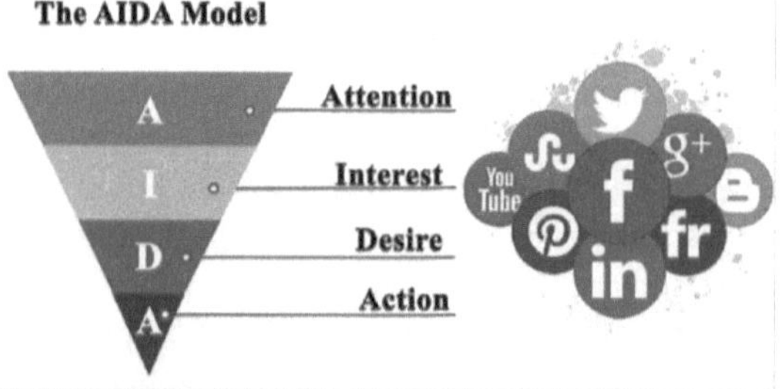

DE LA ATENCIÓN

Cuando se trata de un anuncio publicitario se requiere que tener la mayor suma posible de probabilidades de ver visto sin ser buscado; llamar la atención en virtud de su apariencia gráfica y de sus condiciones psicotécnicas.

El proceso por el cual se seleccionan ciertos elementos para procesarse, en lugar de otros, es lo que llamamos *Atención*. Un objeto llama la atención con más intensidad cuando menor es el número de objetos que le disputan dicha atención. Por tanto: 1. El anuncio debe aislarse en lo posible. 2. Hay que descargar todo peso muerto, y 3. Hay que reducir a lo más indispensable aquello que nos interesa que sea visto en primer lugar.

La falta de simplicidad dispersa la atención en lugar de concentrarla. Húyase de tipos de adorno poco legibles. Dígase sólo lo necesario, sin rodeos y con las palabras necesarias, pero no más. Hay que utilizar en los anuncios dibujos sencillos.

La atención no se concentra cuando el sujeto recibe una sensación de fatiga. Acomodemos el texto a la habitual dirección de la mirada cuando leemos (de izquierda a derecha y del ángulo izquierdo superior al ángulo derecho inferior).

Combinemos la composición del texto de modo que haya en el mismo punto focal del que insensiblemente pueda partir el lector.

Huyamos de los tipos compactos. No dejemos líneas excesivamente juntas. No utilicemos combinaciones irregulares de tipos de letras; no dividamos las palabras en frases que consideramos importantes. Envolvamos los títulos y el texto de un anuncio en blancas armonías, evitando exceso de efectos de atención.

Las imágenes y sugestiones no han de tener nunca un valor puro y simple de ornamentación. Un objeto llama con más fuerza la atención cuando más intensas son las sensaciones que produce, las ideas que despierta o los sentimientos que aviva. Sugestiones directas son las que ejercen un principio de acción antes de provocar la intervención de ninguna idea. Por ejemplo: las palabras ¡ALTO!   ¡ATENCIÓN!

En la asociación de ideas, no utilicemos nombres de lectura difícil ni palabras que el público no esté acostumbrado a leer. La idea que con mayor facilidad entra en nuestra mente es aquella que está relacionada con otra que en nuestra mente ya existe.

DEL INTERÉS.

Decir que un objeto es interesante equivale a afirmar que llama la atención. Pero la proporción contraria sería falsa.

Distingamos entre la curiosidad y el interés verdadero.

Hay que asociar intereses. La proposición que con mayor facilidad acepta nuestra mente es aquella que está relacionada con nuestros intereses.

Cualquier objeto que carezca de interés por sí mismo puede llegar a interesar si se asociara con un objeto que sea del mismo interés propio.

Entonces los dos objetos asociados se desenvuelven unidos: La porción interesante difunde la propia cualidad a todo el resto; y, así, cosas no interesantes por sí mismas logran un interés que llega a ser tan fuerte como el de cualquier cosa que originalmente lo fuese.

Los intereses atendibles por la publicidad se pueden clasificar en:

A.   Los que se desprenden de un estado social, político o religioso, de la situación geográfica, las costumbres, etc.

B.   Los que se refieren a gustos o conectes de profesión, clase o sexo.

_DEL DESEO.

Un objeto puede interesar sin que llegue a suscitar el deseo de poseerlo. Es fusión del anuncio acariciar el espíritu de posesión. Evitemos al lector todo esfuerzo por entender el anuncio, tanto en forma como en fondo. Todo esfuerzo exigido es una resistencia más que se suma a la pereza del individuo.

El marketing se encarga de crear un producto capaz de satisfacer alguna de las necesidades de las personas y la publicidad te persuade a que lo hagas con ese producto en particular, te hace desearlo tanto que reemplazarías la forma antigua de satisfacerlo por este nuevo producto.

Es aquí donde, en cierta época, la gaseosa reemplazó al agua, el fast food a la comida de casa, la moda a la vestimenta funcional, los clubes y el Facebook a los amigos de barrio y, en resumen, donde la marca reemplazó al producto.

¿Cómo es que algunos productos y marcas nos han complicado la búsqueda de la felicidad condicionándola al consumo? Convirtiéndose en marcas multideseables, aquellas que buscan cubrir, en un solo producto, muchas jerarquías de necesidades. **Coca Cola te calma la sed** (fisiológico), irónicamente promueve la salud a través de la actividad física (seguridad), te hace sentir querido por tus amigos y familia a través del concepto 'compartir' (amor/pertenencia), te genera confianza y estima de de los demás (estima) y, como ninguna otra marca, se ha adueñado del concepto más importante y valioso de todos: la felicidad (autorrealización).

Este ejercicio bien se puede hacer para negocios pequeños, marcas locales o productos disímiles como, por ejemplo, la venta de un nuevo departamento, siempre y cuando se publicita de la manera correcta.

Un nuevo departamento satisface la necesidad de dormir (fisiológico), de contar con un techo que te protege del entorno y de los eventos naturales (seguridad), te muestra postales de felicidad con tu familia o con los amigos que vas a recibir (amor/pertenencia), te genera estatus y reconocimiento por tener vista al mar o estar en una ubicación privilegiada (estima), como también te puede comunicar que es el entorno que necesitabas para impulsar tu creatividad, energía y pasión para ser una mejor persona (autorrealización).

Entender la diferencia entre necesidades y deseos, y saber aplicarlos al marketing y la publicidad es clave para poder conceptualizar productos y generar valor a la marca.

Incluso es importante confiar en el conocimiento profundo del consumidor, no el que te dicen las encuestas, y así no batallar cumpliendo deseos ya existentes, sino creando deseos nuevos para nuevos tipos de consumidores.

Steve Jobs dijo en algún momento que no puedo ir preguntándole a los consumidores lo que desean, porque durante el tiempo que esté desarrollándolo ellos van a desear algo nuevo.

"La mayoría de las veces la gente no sabe lo que quiere hasta que se lo enseñas"

Cuatro etapas: La redacción del anuncio ha tenido cuatro etapas. En la primera se nombraba el producto. En la segunda se nombraba y calificaba. En la tercera se nombra, califica y razona. En la cuarta se sugiere, razona y documenta.

La forma de las dos primeras etapas sólo puede dirigirse a la atención; la de la tercera es más capaz de despertar el interés. Y la cuarta tiende a avivar el deseo y la acción.

Primeramente, afecta la memoria. El poder de llamar la atención que tiene un objeto está en relación directa con el número de veces que el mismo se nos muestre o enfoque. La repetición de la atención, por ejemplo, a la tercera vez de llamar la atención del anuncio, recibe en publicidad lo que se llama "valor acumulativo" y hay siempre una repetición constante de elementos capaces de influir con energía sobre la memoria. Esto en la época moderna lo catalogamos de "ubicación del mensaje o producto", teoría creada por el publicista francés el siglo pasado *Tehodore Levit.*

La publicidad inevitablemente supone cambios en la creación y esta premisa es clara para quienes aseguran que la tendencia en creatividad desde las campañas emprendidas por agencias, se centra más en el impacto ligado estrechamente a la verdad. Ahora las marcas y productos suponen situaciones que vendan beneficios reales, contrario a la publicidad pensada en años anteriores.

Los procesos y bases creativas son los mismos, sin embargo, recalca que el impacto es el cambio que necesariamente se debe conseguir.

Con las tendencias viene acompañado el empoderamiento o apoderamiento a los públicos claves facilitado por las distintas plataformas digitales, estos son quienes tienen el control de estimar o descalificar. Ya no se trata de quién es el grupo objetivo, sino, de qué piensa el grupo objetivo de nosotros, advierte.

Hoy en día es muy difícil ser novedoso. Se necesitan buenos creativos, mas hoy se manifiesta la creatividad moderna.

Para acortar, el publicista debe basarse siempre en la palabra **AIDA** (Atención, Interés, Desarrollo y Acción).

¿Funciona la publicidad en un sistema socialista?

Se considera que si la publicidad induce al consumismo es engañosa. Además, limitar la actividad publicitaria es también limitar la libertad económica, toda vez que el concepto de publicidad indica que es una disciplina cuyo objetivo es persuadir al público meta con un mensaje comercial para que tome la decisión de compra de un producto o servicio que ofrece una determinada empresa.

La teoría de la publicidad admite que ésta tiende a la obtención de beneficios comerciales. No obstante, los países que manejan esa política, hacen publicidad al exterior ofreciendo vacaciones, hoteles, servicios de tours al estilo capitalista.
A los que no pueden no se les permite elegir.
Creo que el fin último de la publicidad es llevar al consumo, no sólo de productos, sino también de ideas o de formas de vida. La buena publicidad modifica actitudes usando como herramienta fundamental la creatividad, con el único propósito de hacer que una persona piense, sienta y se comporte de una determinada manera. No digo que no deba existir una discusión sobre ética en publicidad, desde luego, ése puede ser un tema de importancia en algunos países.
Lo que no parece tener ningún sentido es creer que todo consumismo es malo y que, por lo tanto, todo mensaje que invite a consumir algo debe ser eliminado.
El Capitalismo para funcionar como sistema necesita de una entrada: La publicidad. De un Proceso: El Trabajo y de una Salida: La Mercancía, producto de ese trabajo que previamente ha sido publicitada como necesaria.
Es así como funciona la cosa, no es al revés como no los han vendido, diciéndonos que primero sale el producto y luego se publicita para que sea consumido. Cuando un producto sale a la calle ya la publicidad ha sido realizada, ya se han hecho los estudios de mercados y ya se sabe cuales son
los compradores potenciales.
En un sistema Socialista la publicidad comercial no tiene sentido, pues no hay la necesidad de inducir a nadie para que
consuma lo que realmente necesita porque no existe.
No son necesarias las marcas. No hay competencia por adquirir bienes que son necesarios para la existencia humana.
En lo que, si hay que hacer publicidad es sobre la solidaridad, la amistad, la cooperación, el conocimiento y los valores éticos y morales que nos distinguen como seres humanos racionales y espirituales, aunque dentro del sistema socialista se sufra la satisfacción de compra libre.

Como experiencia propia, describiré que la publicidad en un sistema socialista obedece a los intereses del gobierno y en una manera totalitaria. Primeramente, hay que ocultar la verdad al consumidor existente sobre la escasez. Por ejemplo: Se acabó la pasta dental, fue imposible la importación centralizada en las divisas del gobierno. Entonces publicamos que como alternativa *se podía limpiar con sal* para reemplazar la pasta de dientes. Entonces se acabó la sal y dijimos que *"lo que limpia es el cepillo"*. Entonces no hubo cepillo......

La otra forma en que un sistema socialista afecta el mercadeo es el control de medios de comunicación.

La "orientación" que el partido da a su agencia única intervenida por dirigentes gubernamentales es, primeramente, no pautar o enviar publicidad a medios independientes que puedan existir o medios que aún sean independientes.

Por el contrario, sólo pautar a sus medios de comunicación, creando un monopolio estatal de comunicación.

Bueno, y fue así como después de trabajar varios años con la empresa estatal de publicidad, en 1983 bajo semejante presión decidí separarme y formar mi propia agencia de publicidad, acompañado del mejor creativo y una ejecutiva de cuentas.

Nos siguieron cuentas estatales por la calidad de servicio y afortunadamente, se mezcló con la visita del Papa Juan Pablo II al país en la cual trabajamos para elaborar anuncios, y publicity como gorras, camisetas y otras maniobras de impresos con buenos resultados.

Luego vinieron las primeras elecciones dentro del sistema socialista o totalitario en donde se compitió entre partidos con una misma corriente.

En la agencia manejamos dos campañas: la del Liberal del cual era mi inclinación personal y la del socialista – que no era el del gobierno- y que manejó mi compañera ejecutiva con experiencia, sin intervenir cada quien en ideas o actividades propias de la campaña. Allí hubo negociaciones entre todos los participantes ajenos ya a nuestra actividad.

Ganó triunfante el socialismo de extrema izquierda. Tiempo después, bajo amenazas, tuve que dejar el país; historia de la diáspora de estos sistemas que se ven hoy en día aún existentes en varias regiones geográficas del mapa mundial.

El resultado pues y digamos experimental es que la publicidad no tiene nada que hacer en ese cuadrilátero peleando contra la propaganda política.

Relaciones Públicas (RP)

Mientras que la publicidad se trata principalmente de la venta  de bienes, la publicidad general o las relaciones públicas se ha convertido en un negocio para la venta de personas o empresas. **RP** utiliza muchas de las mismas técnicas que la publicidad; La principal diferencia es que los anuncios se reservan y se pagan, mientras que RP se basa en incidentes organizados, sucesos espontáneos, aniversarios de productos o empresas que los medios informan como noticias ordinarias. El objetivo de RP es promover imágenes positivas y favorables de personas o empresas en la vida pública, sin que parezca que lo hacen.

Ciertamente, es difícil distinguir entre un evento o una fotografía presentada en el curso ordinario del periodismo profesional y una que aparece en la prensa popular ha llegado a través de las oficinas de otro, no siempre con dinero. Las personalidades del mundo del espectáculo no son las que se benefician de este sistema. **RP** también ha entrado en el mundo literario y político.

No se realiza ninguna campaña política hoy en día sin los servicios de un consultor público, un hecho, se argumenta, que explica el aumento y el éxito del Partido Socialdemócrata en Gran Bretaña durante 1981.

En las elecciones presidenciales se usa mucha **RP** con medidas técnicas sofisticadas. Los publicitarios ensayan a los políticos antes de ir delante de las cámaras; asesoran sobre el momento y el contenido de los discursos; organizan caminatas, la apertura de edificios, visitas a supermercados y besos a los niños y apretones de mano, todo en beneficio de los medios de comunicación. Los políticos y las campañas se comercializan como jabón.

Los políticos pueden ganar tiempo para tv. 've comerciales durante una campaña electoral, los tonos y ritmos que apenas se distinguen de los del champús u otros.

"Si tuviera un dólar extra, lo invirtiría en Relaciones Públicas". Bill Gates

El Gross Rating Point

Los *"Target Rating Points"* (TRP) son el porcentaje de la audiencia meta de una compañía que ve sus comerciales y publicidades. Las audiencias meta, son grupos de clientes que posiblemente adquieran los productos o servicios que esta vende. La mayoría de las empresas pequeñas miden los

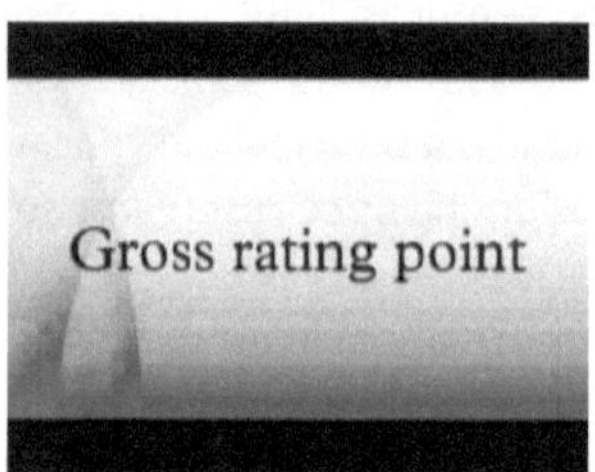

TRP para cada tipo de publicidad, incluyendo televisión, publicaciones impresas, Internet, radio y afiches en la calle. Los TRP los calculan varias empresas de multimedios con una fórmula específica. Utilizar este valor como referencia tiene ciertas ventajas y desventajas.

Gross Rating Point (GRP) es una estadística que se usa para expresar el número de personas alcanzadas por una campaña de publicidad en un medio dado o durante un período determinado de tiempo. Es una de las muchas estadísticas que los anunciantes utilizan para explorar qué tan bien sus campañas están trabajando. Además, Gross Rating Point se utiliza para tomar decisiones sobre cómo, dónde y cuándo se anunciará el fin de alcanzar el mayor número de personas. Son una unidad de medida utilizada en planificación publicitaria de medios y audiencia.

Se trata de un término bruto, expresado en porcentaje, que mide el número de exposiciones de una pauta publicitaria —en cualquier soporte— por cada 100 personas de la población considerada *target* o público objetivo. El término proviene del idioma inglés y puede traducirse como *puntos de evaluación bruta.*

Hay dos cosas que están involucrados en una Gross Rating Point. El primero es la identificación de un público objetivo y la determinación de qué porcentaje de ese público ve un anuncio, que se conoce como alcance. El otro componente es el número de veces que el público ve el material, conocido como de frecuencia. La gente encuentra Gross Rating Point multiplicando el alcance de la frecuencia.

Una cosa importante a tener en cuenta con puntos brutos de rating es que pueden contar con miembros de la audiencia varias veces y esto puede dar lugar a un alcance de más de 100%. Este es el resultado de sumar las oportunidades de exposición a través del tiempo.

Por ejemplo, si una empresa emite un anuncio durante cuatro episodios diferentes de un programa de televisión, que considera el número de personas en el objetivo demográfico de ver el espectáculo cada noche y los agrega juntos para encontrar la distancia.

Esto se multiplica por el número de veces que el anuncio se muestra para determinar el punto bruto nominal.

Cuanto más grande es el vehículo de comunicación, mayor será el alcance. Esto puede compensar frecuencia limitada en algunos casos.

Desde la perspectiva de las empresas de publicidad, un anuncio que llega al 80% de la meta demográficos cinco veces pueden ser mejores que uno sólo visto por el 12% de los demográficos 20 veces.

Esta es una consideración importante sopesar al evaluar Gross Rating Point y el relativo éxito de una campaña de publicidad, junto con otros indicadores utilizados para analizar el éxito de la publicidad.

Los anunciantes quieren llegar a la mayor cantidad de objetivo demográfico tan a menudo como sea posible para familiarizar a la gente con sus productos y campañas publicitarias

Al evaluar qué tan bien funcionó una campaña de anuncios determinado, uno de los indicadores utilizados es el Gross Rating Point. Esta estadística se puede utilizar para comparar una campaña con otras campañas para el mismo producto, así como campañas para los productos fabricados por otras empresas de la competencia. Si el punto bruto nominal es alto y los rendimientos relativos son bajos, sugiere que algo acerca de la campaña no está funcionando.

El GRP es el indicador del número total de impactos conseguidos por cada 100 personas del público objetivo a lo largo de un periodo de tiempo determinado (una campaña de marketing, una semana...).

Se emplea en la planificación de medios para medir la presión de una campaña, pero al contabilizar también las duplicaciones entre soportes y las repeticiones no sirve para medir su concentración o dispersión, es decir, que 100 GRP podría significar desde que la totalidad de los objetivos hayan sido alcanzados por nuestra campaña, hasta el improbable caso de que sólo un 1% de ellos lo haya sido, pero 100 veces.

Importante a subrayar es el "público meta". Por ejemplo, si usted publica una vez en un periódico alcanzando un 20% de su Target Group o público meta, esto representa un 20GRP's. Si usted publica dos de estos anuncios (cada uno alcanzando un 20% de su Target Group) durante un mes, habrá acumulado 40GRP's.

Si se usan dos comerciales de TV., cada uno alcanzando un 30% del mismo Target Group, el número total de GRP's durante este período sería:

2 avisos Prensa 20 GRP's c/u = 40
2 comerciales de TV. 30 GRP's c/u = 60
Total, para el período = 100 GRP's.

Desventajas: 1.- No muestran efecto de la duplicación de audiencia. 2.- 100 GRP's no alcanza un 100% de su Target Group.

La creatividad

La creatividad es considerada como el estado de conciencia que establece una red de relaciones para la creación, identificación, planteamiento y solución relevante y divergente de un problema. La creatividad es un proceso, una característica de la personalidad y un producto. La creatividad se considera como la inventiva personal. Las personas que hace cosas creativas (productos) hicieron con determinados procedimientos (procesos) y actuaron de determinada manera (características de personalidad).

El problema aquí es que al parecer no hay elementos comunes en todos los creativos. Sin embargo, sí hay algunos elementos comunes como la inteligencia. Sí, es necesario una inteligencia sobresaliente para ser creativo, una inteligencia sobresaliente en el campo en donde se es creativo.

No es necesario ser un genio de las matemáticas para ser un genio de la danza, el bailarín es inteligente en su campo. La persistencia, la tenacidad es sin duda otro factor común en la creatividad. A lo anterior también puede llamársele motivación o cualquier término que hable de una fuerza constante que obligue a actuar hacia el cumplimiento de un objetivo. La fluidez, flexibilidad, elaboración y originalidad, son también elementos insoslayables. Se es creativo en donde se puede ser creativo.

No es lo mismo un problema en la psicología que un problema en el teatro. Las formas de enfocar la atención son diferentes. Dentro de la psicología puede ser necesario centrarse en la solidez de los argumentos; en el teatro en el impacto. Puede ser que tanto la psicología como el teatro tengan un usuario común: el otro, llámese público o cliente, pero los problemas son diferentes y la forma de enfrentarlos tiene que ser diferente.

El propósito principal al indicar la condición en referencia es indicar la necesidad de poner especial atención a las diferencias individuales y a las necesidades personales al momento de implementar las estrategias de desarrollo de la creatividad.

Otro elemento fundamental de esta condición es el énfasis en las áreas Fuertes o en las habilidades naturales de la persona, incorporando en las estrategias procedimientos que potencien estas habilidades a partir del conocimiento de los procesos que las regulan.

El Departamento Creativo generalmente comprime el personal de arte y personal de Copy, o sea, quienes escriben sobre el caso.

El Departamento Creativo es el centro de la Agencia de Publicidad en su íntegra operación y es el centro de la campaña. Todos en la Agencia apoyan este departamento porque son el toque final de lo que se le presentará al cliente y luego se lanzará al aire. Los *Copywriters* generalmente tienen cuentas específicas para su trabajo y son los responsables de los títulos, subtítulo y cuerpo del texto.

Generalmente son artistas capaces de plasmar desde una caricatura hasta un paisaje. Generalmente, el Departamento se denomina Arte, diseño y Producción en donde todos siguen la línea del Departamento Creativo en el cual el Ejecutivo de Cuentas es la voz de mando.

Anécdota de un creativo

Dicen que una vez, había un ciego sentado en la vereda, con una gorra a sus pies y un pedazo de madera que, escrito con tiza blanca decía:

"POR FAVOR AYÚDEME, SOY CIEGO"

Un creativo de publicidad que pasaba frente a él, se detuvo y observó unas pocas monedas en la gorra. Sin pedirle permiso tomó el cartel, le dio vuelta, tomó una tiza y escribió otro anuncio. Volvió a poner la madera sobre los pies del ciego y se fue.

Por la tarde el creativo volvió a pasar frente al ciego que pedía limosna. Su gorra estaba llena de billetes y monedas. El ciego reconoció sus pasos y le preguntó si había sido él el que rescribió su cartel y sobre todo, qué había puesto. El publicista le contestó: "Nada que no sea tan cierto como tu anuncio, pero con otras palabras", sonrió y siguió su camino.

El ciego muy curioso le preguntó al primer transeúnte que pasaba por ahí: ¿qué dice el cartel? La respuesta fue:

"HOY ES PRIMAVERA, Y NO PUEDO VERLA"

Todo esto es el motor de una Agencia de Publicidad con todos sus servicios.

¿Qué es un plan de Mercadeo?

Es el proceso de desarrollo de las estrategias que lleva como misión segmentar y posicionar su producto en el mercado.

Analizando, por un lado, al cliente y su deseo de consumo, y por otro a sus posibles competidores en el mercado.

Obteniendo así, un plan de mercado que le permitirá tomar decisiones concretas previas a   toda producción.

Principales variables a analizar en lo que respecta a la empresa:

Situación actual

Objetivos y metas trazadas por la empresa

Posicionamiento del mercado. Plan táctico para la empresa.

Principales variables a analizar en lo que respecta al mercado:

Principales competidores. Participación en el mercado.

Estrategia para el producto en un mercado determinado, con un producto determinado.

Es fundamental efectuar este análisis ya que le permitirá implementar medidas correctivas si fuera necesario y, de lo contrario le brindará una visión más amplia para optimizar el funcionamiento de su empresa.

Recuerde que usted tiene la posibilidad de lograr el posicionamiento deseado a través de una   mezcla de mercadeo:

Producto, Precio, Punto de venta, Publicidad. Que contemple una estrategia que apunte a lograr los objetivos de su empresa.

Gracias al empleo del Plan de Mezcla de Mercadeo, se logrará tener un panorama más amplio de todas las variables, que puedan influir en su producto y en los ingresos; brindando un asesoramiento adecuado y personalizado permanentemente.

La Teoría de Aprendizaje Social

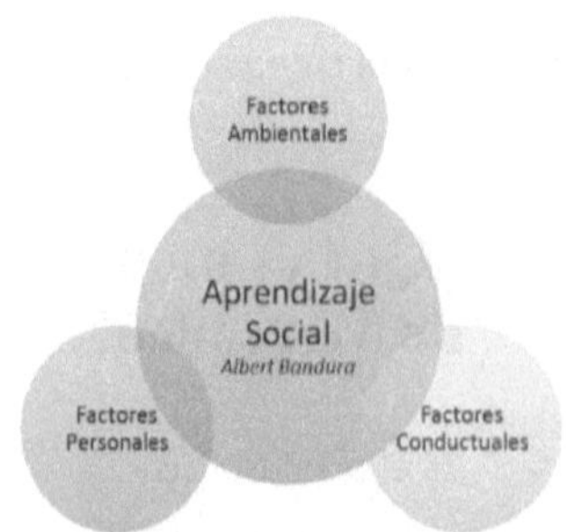

Este modelo es uno de los más reconocidos en Estados Unidos. Las ideas vertidas en este modelo están influyendo en grandes proyectos de intervención comunitaria a nivel de medios de comunicación. Se podría decir que ahora mismo es el que ha inspirado la metodología que se utiliza en grandes proyectos de intervención de masas.

El propio autor, *Albert Bandura*, ha cambiado el nombre a su teoría proponiendo el de *Social Learning Theory o Teoría Cognoscitivo Social.*Este modelo ayuda a explicar y de comprender el comportamiento de las personas, aunque fundamentalmente es un modelo útil de intervención.

La Teoría dice:

Persona ---> Conducta ---> Resultados
Expectativas........... Expectativas
Auto-eficacia........... Resultados

"Una persona realiza una conducta y observa unos resultados".

Según este autor *Bandura*, lo que condiciona la iniciación y el mantenimiento de una conducta esta condicionada fundamentalmente por dos variables. Una de ellos, son las expectativas que uno tenga de resultados.

A la hora de realizar o no una conducta, la persona va a considerar los incentivos o beneficios que resultarán tras la realización de la conducta.

Este es un condicionante muy importante, por lo que siempre deben presentarse los beneficios o ganancias para la persona y no sólo los perjuicios que evitará.

Pero, tal vez, la mayor aportación de este autor ha sido debida a la caracterización de la segunda variable: autoeficacia.

La autoeficacia podría definirse como la percepción que uno tiene de si va a ser capaz o no de realizar esa acción.

No solamente es importante que uno piense que, si realizar una conducta le va a reportar beneficios, sino que también, y casi más determinante, es si la persona se cree capaz o no de hacerlo. Ya hay suficiente evidencia que establece el valor de la autoeficacia como uno de los mayores determinantes de la conducta. Se ha estudiado en relación con la decisión de cesación del uso del tabaco, en temas de anticoncepción, obesidad, inicio o no de una dieta, ejercicio físico.

No solamente es importante que las personas a las que estamos hablando piensen que si dejan de fumar eso va a reportarle unos beneficios, eso es importante, pero el otro factor que puede condicionar a que una persona decida dejar o no de fumar, es si se siente capaz de conseguirlo o no.

El interés entonces radica en saber si existe alguna manera que podamos influir sobre la confianza que tengan las personas que van a ser capaces a la hora de plantearse hacer una conducta.

Existe alguna fórmula de comunicación por el que se transmitan tanto los beneficios de hacer la conducta, sino también el mensaje de que la población diana "puede hacerlo".

¿Qué sucederá en otros contextos con este modelo? Que yo sepa, se ha utilizado en profundidad en Estados Unidos, en Finlandia, en el país de Gales.

El único caso en el que la población fue latina es el programa *A Su Salud* del Sur de Texas dirigido por *Alfred McCalister y Cesareo Amezcua*.

Según sus primeras publicaciones, la aplicación de estos principios facilitó una comunicación efectiva y ha aportado unos resultados parejos a los obtenidos con otros grupos de poblaciones. a pesar de ello, sería conveniente seguir poniendo a prueba estas hipótesis desarrollando experiencias similares en otros países latinoamericanos.

Campaña de publicidad

Llámese campaña de publicidad a la ejecución de un plan coordinado de anuncios y de medios de comunicación, encaminado a provocar, fomentar e incentivar la venta de un objeto o servicio. La planificación de una campaña publicitaria comienza con un análisis de la situación del mercado.

Para la coordinación de dicho plan es precio, como trabajo previo, estudiar por separado los elementos sicológicos y económicos que han de concurrir en la campaña y unirlos luego con los principios que dicta la técnica de la publicidad.

Nada ha de quedar suelto en una campaña; cada paso de ella y cada elemento que se utilice tienen el valor de una pieza esencial para el funcionamiento de la máquina.

Una campaña de publicidad requiere un plan previo, cuidadosamente estudiado para alcanzar los resultados que se buscan, tanto el productor como el consumidor.

Si se trata de lanzar al mercado un producto nuevo, un servicio nuevo, lo indicado es realizar una encuesta previa entre comerciantes y consumidores o del público objetivo que se establezca para oír opiniones y recomendaciones. Esto es ya un axioma en las agencias de publicidad.

Los anuncios de radio, y televisión tienen su técnica propia. Deben de ser cortos y expresivos. El elemento humano es definitivo.

Esto también significa que los anuncios sean reales sin estafar o engañar al público.

Para realizar una campaña de encuentran diversos medios para conseguir que las apelaciones de la publicidad lleguen al público. Esto se llama: **Mezcla de Medios.**

Los medios están clasificados en:

El impreso independiente: Circular, catálogos, folletos, revista y otros.

La Prensa: Diarios, revistas de toda clase.

La publicidad cerrada: Anuarios e indicadores, guías telefónicas.

La publicidad abierta: Carteles, tableros, vallas, rótulos y otros.

La televisión.

Los *medios de comunicación* son el canal que mercadólogos y publicistas utilizan para transmitir un determinado mensaje a su mercado meta, por tanto, la elección del o los medios a utilizar en una campaña publicitaria es una decisión de suma importancia porque repercute directamente en los resultados que se obtienen con ella.

Por ello, tanto mercadólogos como publicistas deben conocer cuáles son los diferentes tipos de medios de comunicación, en qué consisten y cuáles son sus ventajas y desventajas, con la finalidad de que puedan tomar las decisiones más acertadas al momento de seleccionar los medios que van a utilizar.

También existen: La publicidad de los impresos. La publicación de un libro. La publicación clandestina: Es clandestina todo impreso que no lleva pie de imprenta.

Publicidad de documentos oficiales: Esto es para los funcionarios públicos que manejan secretos o documentos secretos y lo dan a conocer sin que antes hayan tenido publicidad oficial.

Publicidad obligatoria: Todo periódico está obligado por ética a publicar las aclaraciones o rectificaciones que le sean dirigidos por cualquier autoridad, corporación o particular que se creyesen ofendidos por alguna publicación hecha en el mismo. Existen otras publicaciones como: publicidad de los juicios, en materia religiosa, publicidad del registro mercantil, gacetilla informativa y otros.

La base de una campaña publicitaria es la imaginación e inventiva de la realidad. En cada campaña de publicidad tiene que haber imaginación, que es lo que conocemos como *"creatividad"*.

Decía el Sr. Albert Einstein:
*"La imaginación es más importante
que el conocimiento"*.

Campañas de publicidad durante la pandemia: medios digitales

Por otro lado, uno de los medios más usados para mantener una conexión entre marca y usuarios han sido los medios digitales. En cuanto a la venta, el e-commerce se ha disparado y cada vez buscan mejorar sus estrategias para resaltar su esencia de marca y ventaja competitiva.

El uso del mailing masivo también se ha elevado, pero no sólo con el objetivo de ventas, sino también con el de brindar información relevante y en algunos casos de ofrecer su servicio de manera gratuita por un periodo de tiempo determinado para contribuir con la sociedad, tal y como lo han realizado varias plataformas que ofrecen cursos de desarrollo profesional o consultas médicas gratuitas.

Es un hecho que las marcas no sólo se adaptan a los consumidores sino también a los acontecimientos que se van presentando para poder realizar campañas que tengan un todo en uno y puedan cumplir su propósito. Por eso las campañas publicitarias durante el Covid-19 han sido distintas, adaptándose a esta realidad.

Campaña de imagen

La campaña de imagen en publicidad está orientada a construir, reforzar y mejorar la valoración pública de una marca, de un producto, de un servicio o de un candidato a cualquier puesto público. En este último caso, la imagen de un candidato requiere de personas sumamente hábiles basados en criterios mercadológicos enfocados en específico a las relaciones públicas (mejoramiento de imagen) del aspirante. Hay que tomar en cuenta elementos básicos de comunicación política, específicamente enfocados a los mensajes y su estructura lingüística, así como el apoyo de imágenes gráficas y audiovisuales para lograr los objetivos trazados para la campaña del candidato, así como el partido político al cual representa. De igual forma se ofrecerán dentro de la campaña de imagen ideas nuevas que cumplan con el objetivo de lograr la empatía de los votantes.

Así como la de una identificación con el mismo y lograr que el candidato tenga una imagen que inspire confianza, amistad y lograr la coherencia entre sus acciones y los mensajes que emite a los votantes.

El profesional detrás de la campaña de imagen debe contar con una experiencia amplia en frases, imágenes poses, estilo de moda y énfasis que asistir a un candidato para estampar en el público votante la imagen que deseamos.

El Eslogan publicitario

El eslogan es una frase corta utilizada por la empresa en sus anuncios para reforzar la identidad de la marca. Es más fácil que

los logotipos de las empresas y puede ser fácilmente recordado y recitado por personas. Además, fáciles de entender. Es una "frase única identificada con una empresa o marca".

El eslogan no solo es memorable en sí mismo, sino que también es una gran herramienta que ayuda a un cliente a identificar y memorizar la marca o empresa.

El eslogan publicitario es una frase que relaciona el producto o servicio anunciado con una particular marca o empresa. Por lo tanto, el eslogan publicitario como una breve frase pegadiza y ayuda a los clientes a recordar los conceptos claves de una marca o campaña publicitaria propia. Puede ser hablado, escrito o musical.

Son recordados por la gente, incluso la marca puede cerrar y seguimos recordando el slogan en la vida diaria.

Yo siempre me acuerdo uno de Chicles Adams que salió a mediados de los años 60 del siglo pasado: *"Chicles Adams, los chicles de toda la vida"*.

Por estos lados en inglés la policía luce en diferentes idiomas su slogan: *"Deeds no Words"* – *Hechos no palabras.* Una Variety de London dice: *"Con todo y para todos"*.

Otros: Adidas – *impossible is nothing.* John Deere – *Nothing runs like a Deere.*

Por lo tanto, los eslóganes son aquellos lemas que acompañan a las marcas empresariales o personales en las campañas de publicidad. En la mayoría de ocasiones, todos los elementos se complementan a la perfección y buscan captar la atención de los usuarios.

Debido a esto, se puede decir que la utilización del eslogan tiene como fin grabar un mensaje en los usuarios de tal forma que, aunque no recuerden cómo era el anuncio, sí recuerden el eslogan que se decía.

Características del Eslogan Publicitario

Único
El eslogan publicitario debe ser único, es decir, no puede ser una imitación o ser similar al de otra empresa (aunque sea de otro sector). El eslogan ayuda a diferenciar tu marca del resto, no tiene sentido copiar lo que ya han hecho otros.

Breve
El eslogan es una frase corta de entre 2 y 5 palabras. Aunque sea corto, debe tener sentido, ya que, sino no sería comprensible y, por lo tanto, sería difícil recordarlo.

Fácil de recordar
Un lema corto y con ritmo tiene un mejor impacto en los usuarios que ven los anuncios, vídeos o carteles donde es utilizado. De esta forma, el eslogan se queda grabado en la mente del usuario con más facilidad.

Perdura en el tiempo
Un eslogan no se crea para una campaña, sino para que acompañe a una marca durante un largo periodo de tiempo y así calar en la mente de los consumidores. Por ello, debe estar relacionado con algún elemento de la marca que sea atemporal.

Diferencia de la competencia

Muchos eslóganes son la respuesta a las preguntas «¿por qué eligen los consumidores una marca y no otra?, ¿Qué hace a esa marca diferente y única?». Por ello, el eslogan ayuda a diferenciar una marca frente al resto de sus competidores.

Transmite sentimientos positivos

Los eslóganes publicitarios transmiten al consumidor sentimientos positivos y optimistas que ayudan, tanto a recordar el mensaje como a crear una relación más estrecha con los usuarios alcanzados.

¿Cómo hacer un Eslogan Publicitario?

Para crear un eslogan propio hay que tener en cuenta dos factores muy importantes como son: la estrategia empresarial, basada en el posicionamiento que tiene la marca en el mercado y la creatividad, que busca crear la frase ideal para conectar con el público objetivo.

Lo mejor que puede ocurrir a un eslogan es que las personas lo recuerden y lo utilicen en su día a día.

Para mí, para crear un eslogan publicitario eficaz hay que seguir los siguientes pasos:

Misión: Antes de comenzar a crear tu eslogan, debes tener bien definida la misión, el objetivo y la razón de ser que tiene la empresa. Esto suele definirse junto con la visión y valores cuando se crea una empresa, pero debes resumirla para que no sea muy larga. Recuerda que la misión explica el objetivo de tu empresa y las expectativas que hay frente a clientes y trabajadores.

Por ejemplo, la misión de IKEA es *«Mejorar la vida diaria de muchas personas»*

Diferenciación En esta segunda fase, debes exponer todos los beneficios que tu marca y productos aportan a los consumidores. Este apartado es muy importante para aquellas marcas que tienen productos o servicios con mucha competencia. ¡Haz ver a los consumidores por qué deben comprarte!

Siguiendo con el ejemplo de IKEA: *"De este modo, todos juntos ahorramos dinero para mejorar nuestras vidas cotidianas"*
Eslóganes descriptivos: son aquellos que destacan el producto, el servicio o la promesa de marca.
Philips: *Sentido y simplicidad.*
Eslóganes específicos: son aquellos que definen la categoría a la que pertenece la marca.
HSBC: *El banco local del mundo.*
Eslóganes imperativos: se basan en una acción y generalmente contienen un verbo.
YouTube: Emite tú mismo.
Eslóganes superlativos: son aquellos que elevan la marca a la mejor del sector/mundo.
Budweiser: *El rey de las cervezas.*
Eslóganes provocativos: son aquellos que buscan la reflexión del consumidor.
Mercedes-Benz: *¿Qué hace que un símbolo perdure?*

El Jingle publicitario

Un jingle publicitario es una pieza musical que se caracteriza por ser de una duración por lo general de 30 segundos y sencilla de

recordar que se utiliza normalmente para acompañar a los anuncios publicitarios. Podemos decir también que vendría hacer una especie de efecto sonoro que va a caracterizar al la marca o producto mediante un eslogan o una frase pudiendo ser esta hablada o cantada, y en el que se acostumbra a decir el nombre del producto o empresa.

Importancia del Jingle Publicitario

El jingle identificador, estas son breves señales de música que se utilizan para identificar a la emisora, también se utilizan para la caracterización de los programas de la emisora.
Estos jingles identificadores tienen la peculiaridad que cuando uno los escucha automáticamente podemos saber de que emisora se trata de la misma forma si se trata de algún programa en particular, como vemos entonces este jingle identificador cumple un rol muy importante en un medio de comunicación.

Y por lo tanto es necesario que las emisoras tanto de radio como de televisión lo tengan ya que las identificaran en el futuro como jingle publicitario. ya que basicamente se utiliza como medio de publicidad.

El jingle publicitario necesariamente tiene que ser eficaz porque tiene que grabarse en la memoria de quien lo escucha. Por esta misma razón tiene que ser bastante claro, muy corto y también fácil para identificarlo de esta manera lo podremos distinguir rápido, la producción de los jingles

tendrá que ser confiada a profesionales talentosos que le aplicará toda la creatividad y estrategia de mercado.

¿Cómo Tienen que ser el jingle publicitario?

Persuasivos. El jingle publicitario logra tener un rechazo menor que otros anuncios publicitarios y casi la gente no tienen tiempo de evitarlos. La pista musical le da un buen soporte para el texto, de manera que si los dos están excelentes estaremos claramente garantizando que nuestro mensaje se escuchará y quedará grabado en el cerebro del radio-escucha.

Logran el recuerdo.

Los mensajes son más sencillos de recordar y si te los cantan, será mucho mejor que si te los narran. Por otra parte, logra el sueño de todo anunciante: repetir su marca repetidas veces, ya que en la repetición de palabras y con música más el mensaje estar garantizado. Logran lazos afectivos con las marcas.

Si la canción llega a gustar tenlo por seguro que logrará generar un clima definitivamente positivo, y se ha visto en muchos casos que la gente logra recordar los jingles publicitarios y cuando los escucha muchas veces se ponen a cantarlo.

Los jingles publicitarios son en definitiva la mejor opción que ayudara a reforzar y asegurar nuestras ventas.

Y nuestra marca o producto tendrá gran impacto en el mercado y podremos casi estar seguros que las ventas aumentaran cada día y todo esto al llamado y mágico jingle publicitario.

Presupuesto de publicidad

El problema de cuánto gastar en publicidad está íntimamente relacionado con la mezcla de mercadeo.

Determinar el tamaño de un presupuesto de publicidad es una importante decisión: El presupuesto determina el peso del esfuerzo publicitario. Gastar un mínimo podría significar una desventaja ante la competencia, mientras que un gasto excesivo podría ser un desperdicio de dinero que se podría emplear en otras cosas.

Un simple modelo se puede expresar en una ecuación matemática:

$U = V - G$
U = Utilidades
V = Ventas
G = Gastos. (Utilidades son iguales a ventas menos gastos)

Las ventas siempre dependen de la publicidad. Una proyección de las ventas implica una suma proyectada y sobre esa suma **se considera un 7%** para aplicarlo a la publicidad. De esta forma: Si proyecto vender $100.000, considero $7.000

Principios de la publicidad

Escribe tu publicidad teniendo en mente quien va a leer, ver y escuchar mensaje.

Escribe tu publicidad tratando de evitar las generalizaciones; especifica a quien te estás dirigiendo con tu mensaje (médicos, agricultores, amas de casa, etc.).

Haz que tus textos construyan una imagen cordial y sobre todo creíble en la mente del consumidor.

Alguien dijo que los periódicos se publican en serie, *pero se leen uno a uno.* Conclusión: escribe de persona a persona.

No digas nunca *"nuestro producto tiene estas ventajas"* sino, "las ventajas de nuestro producto hacen esto para usted".

Construye una imagen más fuerte con el poder de la publicidad acumulada a través del tiempo.

Escoge el argumento de carácter racional o emocional que más le interesa al consumidor.

Es falaz inventar formatos, estilos o ideas rebuscadas cuando lo más creativo es decir la verdad, bien expresada.

Posiciona tus mensajes de manera competitiva frente a los otros productos analizando sus productos más vulnerables y tus oportunidades.

No engañes a tu consumidor con argumentos exagerados y falsos, no se te olvide: el arma más potente de la comunicación es la verdad y...

...Una vez que has aprendido a respetar estas normas seguras, atrévete a crear lo inesperado.

Una vez alguien dijo:

*"el aire que respiramos es un compuesto
de nitrógeno, oxígeno y publicidad".*

El presupuesto publicitario: punto clave

El presupuesto es la traducción en dinero de los objetivos que el anunciante quiere alcanzar.

El presupuesto publicitario nos viene determinado por el

presupuesto de marketing de la empresa. El presupuesto de publicidad vendrá influido por una serie de factores:

Estrategia empresarial.

La estrategia empresarial y la estrategia de marketing nos guían en la elaboración del presupuesto de publicidad. Algunas empresas mantienen una estrategia de líderes en costes, de forma que tratan de posicionarse como la opción más barata para los consumidores preocupados por el precio.

Las empresas que tratan de vender muy barato pueden elegir una estrategia de bajo gasto publicitario.

Los objetivos empresariales y de marketing. Por ejemplo, si el objetivo es crecer muy rápido en un mercado de consumo competitivo con una marca reconocida, para lograr el objetivo posiblemente será necesario un alto gasto publicitario.

Los competidores y el gasto publicitario que realizan. El esfuerzo publicitario puede variar dependiendo de las acciones de la competencia. Dependiendo de nuestra cuota de mercado y la de los competidores.

La situación en el ciclo de vida del producto. Es decir, si se trata de un producto en fase de lanzamiento, crecimiento, madurez o declive.

El tipo de publicidad y la cantidad de gasto publicitario son distintos. Por ejemplo, el lanzamiento del producto suele requerir un mayor gasto publicitario para darlo a conocer.

Intensidad. Suele ser necesario un gasto mínimo.

Si hemos descubierto el elixir de la eterna juventud puede ser suficiente un anuncio, si nos creen, para vender toda la producción. En la mayor parte de las situaciones se precisa un cierto número de repeticiones para que el anuncio se note.

Concentración. La publicidad suele requerir una cierta concentración en el tiempo y en los medios. Es preciso un número mínimo de anuncios concentrados en un periodo de tiempo.

Coordinación. El presupuesto de publicidad debe ser coherente y estar coordinado con el presupuesto de marketing de la empresa. Las diversas partidas del presupuesto de publicidad deben estar coordinadas entre si.

Colocación de los anuncios. Dependiendo de la naturaleza del producto que el comerciante desea promover con el presupuesto publicitario, el anuncio se coloca en el lugar adecuado.

Por ejemplo: La pasta dental, los champúes, los jabones de baño, van dirigidos a las amas de casa; por lo tanto, el lugar adecuado son las novelas. Antes, durante y después son los espacios a cotizar.

Todo esto se lleva registrado en un monitoreo que los medios brindan al Ejecutivo.

Una vez, preparamos en una agencia de publicidad en la que trabajé; una campaña moderada para un presupuesto moderado. Trabajamos con toda la información los creativos, los de arte y producción y juntamos la resentación al cliente. He de hacer notar que en ese tiempo no contábamos con la invención de la computadora y mucho menos con programas de diseños actualmente existentes. Llegué donde el cliente y con todo profesionalismo presenté nuestra campaña. Luego de una pausa el cliente expresó: *"¡no me gusta!"*.

Me sentí decepcionado, pero a sabiendas que los mensajes, el story board y los bocetos presentados como las frases, el slogan etc., estaban en el buen acierto, le dije: *"perdoneme, pero esta campaña no es para usted. Está hecha profesionalmente para los objetivos que su empresa requiere y para el público meta que hemos seleccionado"*.

Creí que me aplazaría la campaña. La reacción del cliente fue positiva. *"Tienes razón, amigo, aquí estás en lo correcto y así nos vamos"*. La campaña fue un éxito de muchas sonrisas. El mensaje es que hay que ubicarse en lo que vamos a decir no para complacer al cliente, sino para lo que el público objetivo necesitaba.

Publicidad Subliminal

La publicidad subliminal es una técnica de la publicidad que trabaja con el inconsciente humano. Es decir, no está hecha para

que la veamos o captemos cuando estamos usando nuestro conciente. Es una especie de publicidad escondida.

Es lo que no se ve lo que lo que nos está vendiendo. El uso del estímulo subliminal probablemente ha sido usado sin que nos demos cuenta.

Esta nace en 1957, cuando se llevó a cabo un experimento en un cine del tipo *drive-in* en la ciudad de Nueva Jersey.

El experimento consistió en demostrar durante la exhibición de la película *Picnic* mensajes que decían, coman palomitas de maíz y tome Coca-Cola durante la transmisión de una milésima de segundo cada cinco segundos. El resultado fue un aumento en las ventas de palomitas de maíz de un 20% y de un 60% en el caso de la gaseosa. Por lo tanto, es posible proyectar imágenes invisibles para el ojo humano.

El siguiente paso es analizar si esos mensajes son captados por nuestro cerebro, que a nivel inconsciente está demostrado puede recibir y almacenar imágenes a mucha más velocidad. Los mensajes subliminales no tienen que ser presentados en el cine ola televisión.

De hecho, se pueden insertar pequeñas figuras en un mensaje impreso en una revista, las cuales se denominan en inglés *embeds*. Estas figuras ocultas más que todo han sido usado en bebidas alcohólicas, en particular en los cubos de hielo que se encuentran en dicha publicidad.

A mediados del siglo XX, muchos ejecutivos de marketing intentaron responder esta pregunta recurriendo a las teorías de *Sigmund Freud*. El psicoanálisis freudiano se convirtió, así, en la herramienta más poderosa del publicista, al prometer sondear el inconsciente de los compradores para tener acceso a los deseos ocultos tras las decisiones de compra.

Centrándose en la fascinante vida de los brillantes hombres y mujeres que llevaron las teorías y las prácticas psicoanalíticas desde Europa hasta Madison Avenue, Lawrence R. Samuel relata cómo los publicistas transformaron la cultura estadounidense de la posguerra.

Paul Lazarsfeld, Herta Herzog, James Vicary, Alfred Politz, Pierre Martineau, y el padre de la investigación motivacional, el psicólogo austriaco Ernest Dichter, adaptaron técnicas sociológicas, antropológicas y psicológicas para orientar a sus clientes sobre la mejor manera de promover sus bienes de consumo.

Algunas herramientas que introdujeron estos investigadores motivacionales, tales como los grupos de enfoque, todavía se utilizan en la actualidad.

Una técnica que también es usada en mensajes subliminales y que parece funcionar es conocida como psicoacústica, o sea, mensajes acústicos como *"soy honesto, no robaré, robar es deshonesto"*. Este tipo de mensajes es utilizado en muchas tiendas de los Estados Unidos, las cuales los transmiten por altavoces de sus locales.

En diversas pruebas realizadas se comprobó una reducción del 40% en la merma derivada de robos al interior de las tiendas.

Otro ejemplo es la gráfica que presenta el mensaje compuesto de una lata de Pepsi – Cola sobre otra lata similar y con el mismo diseño.

Lo que se ilustra en las latas de Pepsi es un típico mensaje subliminal. Las líneas rojas y azules simulan ser luces de neón sobre un fondo negro. Observe y analice si es cierto o no que las líneas azules en la lata superior forman una letra "S", las rojas del medio una "E" y cómo en la lata inferior ambas líneas se cruzan para formar la "X".

Dicho de otra manera, la palabra S-E-X está escrita en cada lata. La pregunta que surge es: ¿y para qué? ¿Qué gana la Pepsi Cola

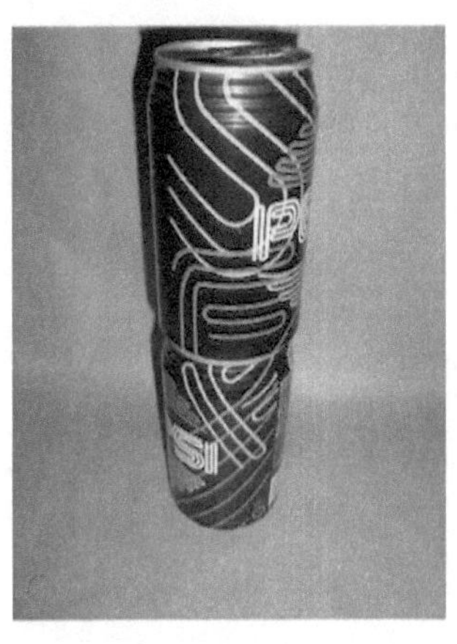

con poner la palabra inglesa "SEX" de ese modo dentro de las latas si el público consumidor no la ve?

La respuesta a esas preguntas nos las da la Sicología: manipulación a través del subconsciente.

Se explica así: La mente humana se divide básicamente en dos partes o niveles: conciencia y subconsciencia. El consciente está integrado por procesos mentales cuya presencia advertimos. Es capaz de analizar, criticar, modificar, aceptar y/o rechazar las propuestas que recibe desde afuera.

La subconciencia en cambio está constituida por un conjunto dinámico de deseos, sentimientos e impulsos fuera del campo de nuestra percepción consciente, se le puede comparar con un gran banco de memoria que almacena, por períodos variables, la mayor parte de la información que percibimos.

La llamada publicidad subliminal lo que busca es llegar a ese subconsciente para programarlo a través de estímulos que apelan al sexo y a la muerte por el impacto emocional que estos provocan. También se utilizan complementos, o sea, estímulos que no apelan ni a la muerte ni a lo sexual pero que responden a los intereses de quienes están manipulando con fines comerciales el mecanismo más íntimo, profundo y complicado del sistema nervioso humano.

Tipos de Publicidad Subliminal

Los ejemplos de mensajes subliminales los podemos encontrar de distintos tipos, cualquiera de ellos lo que busca es intentar manipular el subconsciente de una persona para que haga o consuma lo que el anunciante quiere, influir en las emociones que se sienten a través de esa publicidad subliminal o fijar ciertas imágenes en la mente que refuercen lo que se quiere proyectar.

Un ejemplo de esto último lo vemos en la publicidad subliminal que *Disney* hace, escondiendo la silueta de Mickey Mouse en muchas de sus producciones

y así se refuerza y potencia la marca.

Los tipos de mensajes de publicidad subliminal más empleados son:

Imágenes escondidas: Se trata del uso de figuras o imágenes camufladas en el contexto de otra imagen.

Ilusiones visuales: Se juega con las líneas de las imágenes y los espacios para conformar figuras distintas que evoquen pensamientos diferentes.

Doble sentido: Son imágenes que tienen un significado pero que dan a entender otro distinto.

Emisiones de ultra frecuencia: Producción e introducción de imágenes o audio a alta velocidad. Conscientemente no se percibe debido a la rapidez con la que las exponen, pero los mensajes subliminales perduran en el interior.

Luz y bajo sonido de alta intensidad: Los mensajes subliminales de este tipo intentan centrar la atención en un solo elemento dándole más protagonismo.

Ambientación de luz y sonido: Se recrea una atmósfera a través de luces y sonido para hacer sentir ciertas emociones.

A muchas personas se les hace difícil aceptar la posibilidad de ser manipulados por el subconsciente precisamente por que el estímulo no se ve.

Bueno, lo que pasa es que, si el estímulo se ve, deja de ser subliminal. Ahí ya estaríamos hablando de esta otra publicidad que apela al consciente por medio del gusto sexual.

Los ejemplos sobran: mujeres semi desnudas ofreciendo con sensualidad una bebida alcohólica, jóvenes que se besan con pasión luego de haberse lavado la boca con pasta dental Close Up, mujeres que alcanzan experiencias totalmente orgásmicas mientras se lavan el pelo con Herbal Essence shampoo, etc.

Ese tipo de publicidad esta dirigida a la mente consciente, usted la ve y si no le agrada la puede rechazar. En cambio, la publicidad subliminal apunta sus cañones al subconsciente. Por eso no se ve, porque es una trampa mental y el éxito de cualquier trampa, no importa el modelo, radica en su capacidad de pasar inadvertida por la presa.

La efectividad de los mensajes subliminales ha sido por más de cuatro décadas tema de discusión. Algunos profesionales de la conducta humana aseguran que los estímulos ocultos dentro de la publicidad y la música tienen muy poco o ningún efecto en los individuos.

Otros, en cambio, señalan esa práctica como una de orden inmoral, atrevida y peligrosa para la sociedad.

Se afirma que de las 100.000 fijaciones que hacen los ojos del hombre a lo largo del día, sólo una pequeña cantidad de la información recibida es captada conscientemente.

La inmensa mayoría es percibida inconscientemente.

La **publicidad subliminal** no es percibida *a priori* por el ojo, sin embargo, la publicidad asociativa sí. La publicidad asociativa consiste en endosar un producto o servicio a un tipo de colectivo, de forma que te incitan a comprarlo para formar parte de él. De esta forma podemos encontrar: Familias felices consumiendo una marca de pizza en publicidad del hogar.

Personas de éxito bebiendo un determinado alcohol.

Celebrities conduciendo una marca de coche determinado.

Otra cuestión es que dentro de la publicidad asociativa encontremos mensajes de publicidad subliminal ya que no son excluyentes. Si el receptor de la publicidad percibe conscientemente las imágenes, la atmósfera y la situación claramente, no sería un ejemplo de publicidad subliminal.

Está claro el mecanismo que se pretende desencadenar con los mensajes subliminales.

Tras burlar el filtro inicial de los sentidos, se trataría de llegar directamente al   subconsciente y allí dejar que nos interese. De esta forma podríamos provocar deseos o angustias y, en resumen, manipular la voluntad de los seres humanos, colocando cargas de profundidad dentro de sus cerebros que se accionarían en las circunstancias preestablecidas.

Seducción subliminal

La Seducción subliminal en publicidad es algo más profundo en  materia de publicidad. Fue escrita por *Wilson Bryan Key* en los inicios de 1970. Es casi lo mismo que la subliminal pura, pero ésta induce directamente al sexo. Induce pensamientos / emociones seductoras.

La capacidad de proyectar pensamientos seductores en sujetos subconscientes y / o de otro modo seducir.

El poder secundario de la manipulación del amor, el incentivo sexual y el subliminal también llama a:

• Estimulación psíquica del placer

• Seducción psíquica • Seducción • Sex Appeal

• Sexualidad subliminal

Capacidades:

El usuario puede proyectar pensamientos seductores en las mentes de los demás, hablar con un poder seductor subliminal detrás de cada palabra y/o estimular los centros de placer del cerebro mediante el tacto, la voz o el pensamiento.

Esto se puede usar para atraer y seducir cualquier tema que uno desee, porque el sujeto que recibe los pensamientos creería que ellos eran los que los pensaban.

Aplicaciones:

• Seduce a cualquiera de tu orientación sexual, o a quien encuentres atractiva.

• Puede ir acompañado de la capacidad de percibir psíquicamente la orientación sexual, la atracción sexual, los pensamientos sexuales y el placer sexual.

El Sistema de Seducción Subliminal es un programa de capacitación que enseña a los hombres cómo pueden sobrevivir a través de la protección del cortafuegos del cerebro de las mujeres y acceder a sus sistemas emocionales y psicológicos para que desarrollen sentimientos placenteros hacia ellos.

Las mujeres, a diferencia de los hombres, tienen menos excitación con lo que ven y, en cambio, se sienten atraídas o rechazadas por lo que sienten. Este libro trabaja sobre ese principio. Con esta base, por lo tanto, le brindará los consejos y las pautas que necesita para que lo vean como el que los emociona y los hace felices.

Cuando una mujer siente esto por un hombre, se siente atraído por él y dentro de un tiempo habrá alcanzado el premio mayor y ella será suya o estará en su cama; lo que quieras.

Mientras que los mensajes subliminales son estímulos visuales o auditivos que la mente consciente no puede percibir, a menudo se insertan en otros medios, como anuncios de televisión o canciones.

Este tipo de mensajes se puede utilizar para fortalecer o aumentar la capacidad de persuasión de los anuncios, o para transmitir un mensaje completamente diferente.

Los verdaderos mensajes subliminales no pueden ser observados o descubiertos por la mente consciente, incluso si los está buscando activamente. Esto se debe a que los estímulos a los que respondemos todos los días, las cosas que vemos y oímos a nuestro alrededor, están por encima del umbral de la percepción consciente, a diferencia de los mensajes subliminales, que están por debajo de este umbral. Dado que la palabra latina *limen* significa "umbral", algo subliminal existe justo por debajo del umbral de la conciencia consciente. Es decir, en pocas palabras: la publicidad tanto subliminal como Seducción Subliminal no son para que la aprecie el consciente de la persona. Es para el subconsciente de la persona.

El ejemplo clásico de un mensaje subliminal es *"comer palomitas de maíz"* apareció en una pantalla de cine tan rápido que la audiencia ni siquiera lo notó conscientemente.

En realidad, nunca se ha demostrado que tal publicidad funcione. Pero los anuncios comunes, tanto impresos como en televisión, contienen todo tipo de imágenes que dan forma a nuestra respuesta al producto que se anuncia, incluso cuando no nos damos cuenta. Intente mirar detenidamente algunos anuncios que le gusten, para descubrir de qué manera pueden afectarle de manera subliminal.

Género subliminal

Es probable que los cubitos de hielo vendan más alcohol para la industria de la destilación que los modelos atractivos en poses de pastel de queso. Los discretos cubitos de hielo a menudo esconden ventas invisibles, invisibles, es decir, para la mente consciente.

Según la teoría, el simbolismo del sexo o de la muerte debería funcionar como un dispositivo para eludir la percepción discriminatoria consciente. A lo largo de su historia, la principal preocupación del hombre ha sido la muerte, no el sexo. El simbolismo de la muerte como modus operandi para las ventas.

La incrustación se refiere generalmente a la práctica de ocultar palabras e imágenes con carga emocional, las ilusiones son parte de la mayoría de la publicidad en toda América del Norte hoy en día. ¡Estos estímulos subliminales, aunque invisibles para la percepción consciente, son percibidos instantáneamente en el nivel inconsciente por prácticamente todos los que los perciben, incluso por un instante!

Se puede suponer que los humanos tienen al menos dos sistemas de entrada sensoriales, uno que codifica datos en el nivel consciente y otro que opera en un nivel por debajo de la conciencia consciente.

Mientras los consumidores no estén seguros, si detectan estímulos subliminales, lógicamente asumirán que están imaginando cosas y pasarán la noción sin un segundo pensamiento consciente.

Las personas en América del Norte han recibido capacitación cultural para creer en lo inherente a la honestidad inherente de sus instituciones gubernamentales y comerciales. Les resulta muy difícil, si no imposible, creer que alguien haría algo tan escandaloso como estos subliminales.

Usualmente buscarán a alguien más, alguien más lógicamente 

culpable de engañarlos, sobre quien acumular su ira por la traición. Serán ayudados en esto, por supuesto, por el comerciante y la cultura controlada por los comerciantes.

El público femenino es tan diverso como sus homólogos masculinos. Las adolescentes tienen necesidades diferentes que las mujeres maduras jóvenes. Los que están casados enfrentan diferentes problemas emocionales de adaptación que los que están solteros. Hay diferencias entre los más jóvenes casados con hijos pequeños y los casados con hijos adultos o casi adultos.

PUBLICITY

La *Publicity* se conserva en esta palabra inglesa. Para ser más concreto con ejemplos: ¿Se acuerdan de la primera película de James Bond, el agente secreto y especial? En ella, aparece James Bond usando su arma, una Walther PPK 380. Luego de esa película que se transmitió a nivel mundial por la pantalla grande; millones de esas pistolas de esa marca fueron vendidas en el mundo.

¿Han notado que, una vez terminada una pelea de boxeo, los boxeadores se colocan una gorra en la cabeza con alguna marca? ¿Han notado en algunas películas que en la acción del filme aparece un restaurante rápidamente como McDonalds u otros; una marca de reloj que luce el artista?

Y, por último, una de esas camisetas que usted usa en su diario vestir con la marca o mensaje de alguna compañía. ¡Eso es Publicity! Es, por decirlo así, una publicidad gratis y efectiva. Así, los jugadores deportivos usan Nike y lo identifican con su símbolo de todos conocidos.

Publicity se puede definir de muchas maneras, pero es más apropiado verla desde una perspectiva de marketing.

En su forma más simple, la **Publicity** implica transmitir información y generar conciencia sobre los productos y servicios al público en general o al público objetivo a través de diversos medios. Publicity es una industria completa que organiza cualquier película, todo lo que se ve está programado. Cualquier marca, cualquier argumento que menciones una industria.

Es pues un truco publicitario grabado por primera vez en 1908. La publicity no tiene como finalidad vender, sino que transmitir una imagen de marca corporativa, es decir crear una actitud positiva hacia dicha marca, y que persuada a las personas, entonces al lograr esto es cuando los diferentes públicos de nuestra empresa no solo serán clientes, sino que se sentirán identificados con la empresa. No obstante, vende.

Las redes sociales han afectado drásticamente los reclamos por el derecho de publicidad, ya que las empresas deben tener cuidado al publicar imágenes en sus cuentas de redes sociales para las cuales pueden poseer o licenciar los derechos de autor, pero no tienen un acuerdo de promoción o el derecho de divulgación de la publicidad de la celebridad o persona identificable.

Es una comunicación promocional de en donde el patrocinador no paga el mensaje.

Publicity es similar a la publicidad en el sentido de que es un tipo de comunicación masiva de estimulación de la demanda.

Puiblicity generalmente consiste en una presentación de noticias favorable, un complemento para un producto u organización presentada en cualquier medio.

Las características únicas de la publicity son que no se paga y tiene credibilidad en forma de comunicados de prensa, conferencias de prensa y fotografías.

Los modismos en la publicidad

Cada país o lengua propia inclusive si es el mismo español o en otros idiomas tiene sus propios modismos. Es por eso que si hemos trabajado por años en el ambiente publicitario de tu propio país y por algún motivo buscas trabajo en un país de lengua extranjera; por decirlo así, del español al inglés, todo cambia.

La palabra *"modismo"*, etimológicamente, proviene de la palabra *"moda"* y la terminación *"ismo"* que significa *"práctica"*. Para comprenderlo de una forma más clara, un modismo es considerado como un hábito o una costumbre lingüística que su propósito es dar la facilidad a los hablantes de poder expresarse de una forma más rápida.

Los modismos se encuentran presente en todas las lenguas existentes y su uso es muy frecuente. Algo que debemos tener muy claro es que los modismos no siguen estrictamente las reglas de la gramática. Muchas veces, han sido creados para dar a entender una idea de forma más práctica.

Los modismos son conocidos como frases o palabras que han sido *"hechas"* por los miembros de una cultura; propias de una lengua o dialecto. Con el paso del tiempo y al ser utilizados con mucha frecuencia se convierte en típico dentro de una sociedad. Se trata de una costumbre lingüística que resume una idea en pocas palabras y dicho concepto es transmitido a todos aquellos que comparten una misma lengua.

Tuve la experiencia cuando me trasladé a vivir a Canadá y tuve un tiempo de entrenamiento en una agencia publicitaria en donde sabía lo que hacían, pero ellos empleaban sus modismos. De tal manera que comprendí rápidamente que sólo habiendo nacido y estudiado en este país podría desarrollarme como publicista.

Sabemos que los modismos constituyen uno de los aspectos más ricos y creativos del léxico de una lengua, tanto por lo extenso de su repertorio como por el frecuente uso que hacemos de ellos.

El nivel lingüístico en el que discurre esta reflexión es el léxico, componente fundamental de cualquier programa de enseñanza-aprendizaje de una lengua extranjera.

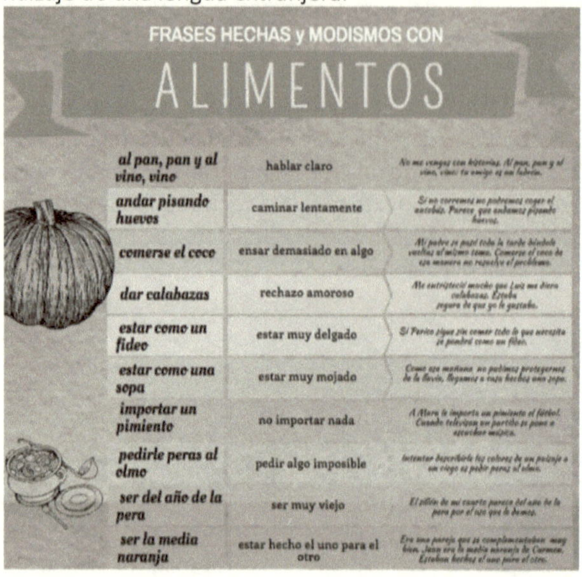

al pan, pan y al vino, vino	hablar claro	
andar pisando huevos	caminar lentamente	
comerse el coco	ensar demasiado en algo	
dar calabazas	rechazo amoroso	
estar como un fideo	estar muy delgado	
estar como una sopa	estar muy mojado	
importar un pimiento	no importar nada	
pedirle peras al olmo	pedir algo imposible	
ser del año de la pera	ser muy viejo	
ser la media naranja	estar hecho el uno para el otro	

El término modismo recoge aquellas creaciones léxicas, tanto espontáneas como derivadas de refranes y dichos populares, constituidas por una secuencia de palabras que operan como una sola unidad semántica y cuyo significado conjunto no puede ser deducido de la suma de sus elementos constituyentes. En diversos idiomas existen modismo o *"slang"* que son referidos por los hablantes de manera coloquial y usados de manera habitual para enaltecer un comentario.

Estos modismos suelen cambiar y se transmiten de una generación a otra, pero no del mismo modo que quizá nuestros padres lo ocupaban o aplicable sólo en cierto tipo de contextos.

Con el idioma inglés pasa exactamente igual, las palabras van evolucionando y terminan con un significado totalmente diferente al original; lo cual sería un *"slang"*.
Son expresiones peculiares de un idioma, difíciles o imposibles de traducir literalmente a otras lenguas.
Un hablante nativo inglés no sería capaz de entender a la primera la expresión española *"llover a cántaros"*, pero imaginen el caso de un estudiante español de inglés que oye por primera vez *-it's raining cats and dogs-* y que, al conocer el significado de los elementos rain, cats y dogs, sólo es capaz de imaginar una lluvia persistente de gatos y perros.
Awesome: es una de las palabras más utilizadas en estados unidos y significa que algo está genial o increíble cuando lo quieres decir con mucho furor.
Cool: otra que es básica es ésta, la usamos hasta en el español, pero cool es una palabra que puede traducirse a frío; sin embargo, la utilizamos para expresar asombro acerca de algo que nos parece grandioso.
Hang out: el contexto que se le da a esta palabra compuesta es simplemente "pasar el rato" y no tiene nada que ver con su significado real que sería colgar.
Amped: probablemente no te suene mucho, porque no es una de las palabras que se han adoptado en inglés, pero en Estados Unidos es una palabra comúnmente utilizada para decir o expresar que estamos muy emocionados por algún evento o por cualquier otro motivo.
Busted: esta palabra nos parece familiar por el nombre original de "los caza-fantasmas" (*ghost busters*), sin embargo, no significa cazar, sino cuando alguien utiliza esta palabra es porque quiere decir ¡te atrapé!
Have a blast: si quieres expresar lo bien que lo pasaste en una fiesta, en un concierto o en algún lugar usas este slang. Blast significa explotar o derribar, por lo que es completamente contrario a lo que sientes cuando la dices.
Crush: este slang también lo utilizamos en español para referirnos a lo mismo, se dice que cuando alguien te gusta tienes un crush y probablemente es porque cuando ese alguien te gusta mucho tu cerebro se "aplasta", que es el significado real de la palabra.

O si lo experesamos en español: *"Tráeme dos rubias"* por mencionar dos cervezas. En inglés podría imaginarse *dos blondies, muchachas rubias.*

Las diferencias de lenguaje entre el inglés y el español son variadas, no obstante, tienen costumbres y modismos, inclusive algunos de ellos no se pueden traducir o tienen definiciones muy específicas, pero eso no significa que no puedan tener una interpretación o algún otro tipo de significado.

Así que cuando viajes al extranjero puedes usar estos *slangs* básicos y sentirte como un local.

Cuando hablamos de los modismos encontramos con frases como esta *'I have hit the books'*, la cual al traducir de manera literal resulta *"debo golpear los libros"* y seguro te suena bastante extraño, ¿verdad?, sin embargo, al traducir esta frase de forma correcta en realidad quiere decir *"yo debo estudiar"*. Los modismos son muy cotidianos en el idioma inglés y por ende muy utilizados por los angloparlantes.

Los modismos de forma sencilla se definen como expresiones idiomáticas que hacen uso de símil o sarcasmo para expresar ideas. Además, los modismos pueden carecer de lógica y su significado no puede deducirse fácilmente.

¡Ave María !En la tradición bíblica, esta exclamación constituye la salutación a María durante la Anunciación. En varios países se usa para expresar diversos sentimientos: sorpresa, contrariedad , alegría, admiración, etc. *"Ave María, cuidao que usted es malicioso, José"*. *¡Las tres Divinas Personas!* Cuando se trata de un susto. *¡A la zumbamarumba!* ...de aquí para allá; ¿cómo hacemos esto en inglés o alemán?

Los modismos son recursos lingüísticos que deben ser estudiados para hablar como verdaderos angloparlantes y así evitar los malos entendidos que su desconocimiento puede acarrear a la hora de traducir estas expresiones.

Estas características de los modismos encajan perfectamente en el carácter creativo de la lengua de la publicidad, uno de cuyos pilares está constituido por los efectos que consigue el juego entre la realidad y la figuración.

Los juegos semánticos de los mensajes publicitarios combinan lo ambiguo, lo polisémico, lo figurado y lo literal, y enlazan estas dimensiones lingüísticas a través de un hilo conductor común: los usos retóricos: metáforas, comparaciones, dilogías, etc.

David Ogilvy

No podríamos terminar el capítulo relacionado con la publicidad sin referirnos a lo más grande: **David Ogilvy.**

David Ogilvy: los 7 mandamientos de la publicidad que todo mercadólogo tiene que saber.

La publicidad es un arte antiguo, pero ni se te ocurra llamar "arte" a lo que hace David Ogilvy.
Nació el 23 de junio de 1911, en West Horsley, Inglaterra. Decidió migrar hacia los Estados Unidos, más precisamente Nueva York, y allí logró convertirse en una leyenda del copywriting, creando cientos de titulares tan poderosos y efectivos, que, hasta la fecha, conservan su poder.
David Ogilvy es el publicista más famoso y sus lecciones siguen siendo relevantes hoy en día, como cuando abrió las puertas de su agencia Ogilvy&Mather en 1948. Él entendió tan bien la naturaleza del rol del marketing y la publicidad, hasta el punto de poder concluir que: la publicidad no es arte, es sólo un medio de información, un mensaje para lograr un único propósito: vender.

"No quiero que me digas que mi anuncio fue creativo. Quiero que lo encuentres tan interesante que compres el producto".

Esta cita es de su excelente libro: *"Ogilvy on Advertisement"*. Aunque "Ogilvy on Advertisement", fue escrito en 1983, todo lo que introdujo al mundo de la publicidad, no se sigue aplicando hoy en día. Sus lecciones viven aún en el marketing tradicional y hasta en los nuevos desafíos de la era de Social Media.
Las mismas técnicas *"Ogilvyanas"* que funcionaron en los años 70, tranquilamente pueden ser aplicadas en las publicidades actuales, en los titulares de blogs, en el marketing de los sitios web, e-commerce y canales de YouTube. Por algo dicen que las ideas de los genios, perduran en el tiempo.

Los 7 mandamientos del publicista

Estos 7 mandamientos del publicista que más ha influenciado al mercado, te demostrarán que sus ideas son eternas ¡Y con buena razón! Empecemos a aplicarlas, estudiando el mandamiento número uno.

1. *"Tu rol es vender, no dejes que nada te distraiga del único propósito de la publicidad."*
La creación de un anuncio publicitario, no se hace para probar quién es más creativo y gracioso. Tampoco para demostrar, quién puede armar y escribir la frase con el mejor juego de palabras. Ogilvy dice en su libro, que detestaba que sus empleados se refirieran a sí mismos como "creativos". "Tu rol es vender, no dejes que nada te distraiga del único propósito de la publicidad."
El punto central de este mandamiento, David Ogilvy lo explica de manera muy simple: si quieres que la gente compre tu producto, debes explicarle lo más breve y sencillamente posible qué vendes y cómo comprando ese producto, sus vidas van a mejorar.

La gente no tiene mucho tiempo para pensar, por lo tanto, si piensas que debes sorprenderlo con tus palabras y creatividad, puedes hacerlo, pero nunca lo hagas a expensas de lograr la venta.

Ejemplo: la agencia de publicidad TBWA- Vancouver, lanzó un anuncio claro y creativo, cuyo juego de palabras no tiene desperdicio y sabe transmitir y "vender"

eficientemente, el concepto de la campaña que realiza "Lung Association British Columbia", una asociación, que lucha contra el cáncer de pulmón. El titular de esta publicidad dice: *"Para más información sobre el cáncer de pulmón, sigue fumando"*.

2.*"Define claramente tu posicionamiento: ¿Qué y para quién?"*. Posicionamiento es un término curioso, que, en las propias palabras del gran maestro de la publicidad, tiene una definición distinta.

Ogilvy piensa así: qué es el producto y para quién estará posicionado.

"Podría haber posicionado a Dove como una barra de jabón para hombres con manos sucias, pero elegí posicionarlo como un jabón de manos para mujeres con piel seca. Esta estrategia aún funciona 25 años más tarde".

Muchos años más tarde, las mujeres siguen teniendo la piel seca, y Dove está allí para resolver ese problema. La única diferencia entre la mujer Dove de antes y la de ahora, es que hoy hay mucha más oferta para tratar ese problema, pero Dove sigue destacando de la competencia, porque ofrece un bonus extra, una promesa que los demás no: humectaremos tu piel y cuando compres este producto, estarás apoyando a la lucha por fomentar una imagen más realista de la mujer moderna, contra el estereotipo inalcanzable que proponen los medios y celebrando nuestros "defectos" (arrugas, celulitis, curvas, cabello gris, pecas, etc). Dove lucha por la belleza real ¿Crees que, sin esa campaña de concientización, se destacarían tanto? Recuerda que, para lograr un buen posicionamiento de tu marca y producto, además de un estudio exhaustivo del público objetivo y de aquello que vendes, es imprescindible, una fuerte campaña de promoción para estar presente en cada momento y espacio, donde tu audiencia se encuentra.

Las redes sociales son un medio fundamental hoy en día, que nos permite llegar y acercarnos a nuestros potenciales clientes.

3. *"Haz tu tarea. Estudia detalladamente a tu consumidor."*
Los publicistas que ignoran la investigación, "son tan peligrosos como los generales que ignoran las señales del enemigo".
No tendrás ni un chance de producir publicidad que sea exitosa y que venda, si no empiezas haciendo tu tarea. Es la parte más tediosa según Ogilvy, pero obligatoria. Debes hacerla. Ogilvy trabajó durante años para George Gallup, el fundador del Gallup Poll, una agencia que hace estudios de mercado y encuestas. El mandamiento número 4 de Ogilvy, tiene como idea central, que si no sabes con quién estás hablando, entonces sólo estarás fingiendo, y eso te llevará a más problemas de los que imaginas. Jamás podrás escribir un titular efectivo, si ignoras lo siguiente:
• ¿A quién diriges tu mensaje?
• ¿Cómo piensa esa persona?
• ¿Qué necesita?

4. *"Piensa en el consumidor como tu mujer, ella quiere toda la información que puedas darle".*
Una importante lección que debemos tener en cuenta al redactar y comunicar: no subestimes al consumidor. No tomes a tu audiencia como "tonta", valórala como si fuera tu esposa.

> *"El consumidor no es un idiota, es tu mujer. Estás insultando su inteligencia si crees que, con un lindo logotipo y un par de adjetivos insulsos, la vas a convencer de que compre. Ella quiere toda la información que puedas darle"*

¿Qué quiere decir con eso? Que, si quieres hacer dinero en marketing, tendrás que respetar a tu audiencia. Todos los días, los consumidores son bombardeados con publicidades, que, en muchas ocasiones, rozan lo ridículo: parece que los publicistas sólo desean demostrar qué tan creativos son, dejando totalmente de lado el hecho, de que un anuncio debe brindar información relevante y seducir al público.

Por ejemplo: en esta línea de productos "antiedad", el mensaje promete algo que ni el bisturí puede: "menos arrugas en sólo minutos". (¡¿Minutos?!) ¡Si realmente funcionara, creo que se terminaría el mundo de la cirugía estética con una simple crema! A veces pienso, ¿están hablando en serio?

5. *"Háblales con el lenguaje que usan cotidianamente".*
Háblale a tu audiencia de una forma en la que te sientan como alguien cercano, que está sentado en la silla frente tuyo.

Al mismo tiempo, cuando te dirijas a tu público: "dirígete a tus lectores como si estuvieras escribiéndole una carta en nombre de tu cliente" – dijo este hito de la publicidad. "Háblales con el lenguaje que usan cotidianamente".
El siguiente ejemplo, es de *Gillette*, y es ideal por dos motivos:
1) Demuestra que un buen equipo de marketing, puede revertir una situación desfavorable de una marca, y revertirla con rapidez.
2) Que *Gillette* ¡sí sabe hablar en el lenguaje de su audiencia!
Resulta que, en los últimos años, ¡Noviembre es un mes de bigotes! Sí, por si no estabas enterado, existe un movimiento llamado *Movember*, que promueve que los hombres de todo el mundo se dejen crecer el bigote durante el mes de noviembre, para recaudar fondos y promover la charla sobre temas de salud masculinos, y juntar dinero para financiar más de 770 programas de investigación ¡Y vaya si ha sido útil!
Esta campaña, significa buenas noticias para la caridad, y malas noticias para las marcas que venden máquinas de afeitar.
Tanto impacto tuvo este movimiento, que, en cierto tiempo, Gillette se vio afectado por las repercusiones de *Movember*, registrando un decaimiento de sus ventas en un 16%, según un informe del director financiero de P&G, Jon Moeller.
Ante esta situación: ¿qué crees que hizo Gillette?
¿Quejarse y quedar en la mente del consumidor como "la marca" que no apoya una causa benéfica y tan positiva, por el solo hecho de que le interesan las ventas?¡Por su-puesto que no! (Aunque todos sabemos que la meta final, siempre será vender).

Gillette respondió lanzando una seguidilla de anuncios increíbles donde no se enfrentó a *Movember*, sino que se le unió, y lo hizo a través de una campaña publicitaria utilizando el lenguaje más coloquial que te puedas imaginar, para justamente generar engagement y llamar la atención de su público objetivo.
Sólo basta leerlos en su idioma nativo, empezando con éste:
Gillette redactó sus anuncios en una forma que combina el estilo estético Vintage de publicidad retro, con los modismos de la generación actual, utilizando términos como por ejemplo "omg" que significa "oh my god" en inglés
y es más probable que sea utilizado por alguien de 17 años, a oírlo de la boca de una abuela. El copy dice algo similar a (ya que ninguna traducción será lo suficientemente fiel): "Boletín urgente de última hora: O sea, en serio, (stop), invasión super masculina inminente (stop)".

6. *"Escribe excelentes titulares y habrás invertido correctamente el 80% de tu dinero".*

*"En promedio, hay cinco veces más personas
que leen los titulares que las que leen
el cuerpo del texto.
Cuando hayas escrito tu título,
habrás gastado 80 centavos de tu dólar".*

Menos, es más, cuando se trata de títulos, porque 8 de 10 personas leen el titular, y sólo 2 de 10 se quedan a leer el resto. Con estos números, ¿crees que la gente podrá perder el tiempo leyendo algo complicado, que los haga pensar de más?
Ellos necesitan la información justa, que en pocos segundos lo seduzcan a quedarse por más.
Básicamente, lo que debemos obtener del lector, es que nos diga lo siguiente: "ok, tienes mi atención. Ahora dime más".
Bien, con tu título y el copy, pides que compren tu producto. Lo que el lector quiere saber para convencerse, es una última sola cosa: ¿por qué? "Cuanto más informativa tu publicidad, más persuasiva va a ser" dice Ogilvy.

*"Nunca uses titulares engañosos o irrelevantes,
ya que la gente lee demasiado rápido
como para que pierdan tiempo
tratando de entender lo que querías decir".*

Escribir el título del anuncio no es tan simple como parece, pero si quieres que te lean y se queden a ver el resto del texto deberás aprender a dominar el discurso y saber todo lo que puedas sobre el producto.

Cuando David Ogilvy obtuvo al cliente Rolls-Royce, pasó 3 semanas leyendo y estudiando todas las características técnicas del auto, hasta que se le ocurrió la frase: *"a 60 millas por hora, el sonido más fuerte que vas a oír vendrá del reloj eléctrico"*. Ése se convirtió en el título, y el resto del folleto de venta, estaba compuesto por 607 palabras de copy.

TIP: Puedes probar cuál es el titular que mejor funciona para tu blog compartiendo diferentes versiones del titular en Twitter. Lo genial de Twitter es que el titular lo es todo: si es bueno se ganará unos clicks, si no, será ignorado.

El titular que se quede con la mayor cantidad de clicks, probablemente sea el mejor. La cantidad de clicks la puedes medir acortando tus links con bit.ly o utilizando tags UTM y Google Analytics. O puedes utilizar herramientas como Postcron para acortar los links y programar la publicación de los diferentes titulares en diferentes horarios y redes sociales.

7.*"Destaca al producto convirtiéndolo en el héroe".*
¿Cuál es la diferencia entre vender un jabón A de otro jabón B, si ambos tienen básicamente las mismas propiedades y son el mismo producto en esencia? Brindando algo que el otro no tiene, y convirtiendo a tu producto en el superhéroe y la estrella. Como veíamos en el caso *Dove*, ellos participan en las redes sociales, fomentando el debate para definir qué es la belleza real, como respuesta a la baja autoestima femenina, provocada por la sociedad y los medios. Si hay mucha oferta, tu producto debe brindar lo mismo o más que los demás y traer un extra.

Las personas deben identificarse, con todo lo que significa esa pieza de producto, y los valores de la marca.

Si crees que tu producto es aburrido, Ogilvy tiene noticias para darte: no existen los productos aburridos, sólo hay escritores aburridos.

"Nunca asigno un producto a un escritor, al menos que sepa que él está interesado personalmente en el producto. Cada vez que he escrito una campaña publicitaria mala, ha sido porque no me interesaba el producto".

Otra gran marca que logró posicionarse en la mente de los consumidores, por su estilo, carácter innovador, por la tecnología, calidad y simpleza de sus productos, es **Apple**.

Ellos son los mejores haciendo esto. Para destacarse, debe estar bien definido en la mente del consumidor: quién eres y qué haces.

Apple sabe susurrar sus creencias en los oídos de la gente. Reproductores de MP3 y Tablets, hay muchos en el mercado, pero un iPod y un iPad te otorgan mucho más que horas y horas de música y videos. La estrategia de posicionamiento de Apple se centra principalmente en emociones y en el estilo de vida del consumidor.

Su imaginación, pasión, sueños, esperanza, aspiraciones, y prometen hacer más fácil la vida de las personas.

Cuando compras un producto Apple, inmediatamente formas parte de una generación que también cree que los rebeldes pueden cambiar al mundo y que deben luchar por lo que piensan. Esta marca logró ser quien es hoy en día, gracias a las estrategias de Steve Jobs, quien fundó la empresa y la moldeó hasta lograr el más alto nivel de calidad, y no se detuvo hasta lograrlo. Un genio en marketing.

David Ogilvy dijo:

"No golpees levemente el balón. ¡Saca la pelota fuera del estadio! Busca la compañía de los inmortales".

¿Sabes de qué hablaba?

De que nunca debes conformarte. Busca la perfección, desde tu producto hasta tu copy publicitario. Hay una sola cosa que como publicista y mercadólogo debe preocuparte: Mi producto, ¿Vende o no vende? He ahí la cuestión.

Y si no vende, usa todo lo que has aprendido de David Ogilvy y pregúntate lo siguiente:

• ¿No funciona porque subestimo al consumidor y priorizo la creatividad en el anuncio publicitario, por sobre la información verdaderamente relevante? (Si es así, simplifícalo e informa)

• ¿Se entiende mi mensaje o es sólo un buen juego de palabras? (No sacrifiques las ventas por ser sólo creativo, tu meta es comunicar para vender).

• ¿Le estoy hablando a mi público en un lenguaje que ellos entienden o estoy siendo demasiado técnico o complicado? (¡Háblales en un lenguaje que entiendan, si no sabes cuál es, estudia a tu audiencia para saber cómo!)

 • ¿Sabes a quién estás dirigiendo tu mensaje, ¿cómo piensa y qué necesita el lector? (Haz tu tarea. Averigua qué quiere y dáselo. Construye el mensaje que él necesita escuchar para que te lo compre).

 • ¿El titular de tu anuncio es lo suficientemente seductor y clickeable como para que lo lean entero? (Busca llamar la atención con tus títulos y déjalos queriendo más, sin que sea complicado).

Y finalmente, ¿estás posicionado en la mente de tu audiencia? ¿Saben en qué te diferencias de los demás?

David Ogilvy falleció en junio de 1999 a la edad de 88 año. Su legado sigue enseñando cómo vender.

Posicionar el producto

Posicionar el producto y definir objetivos publicitarios para el producto representan un punto de inflexión importante en el plan publicitario. Hasta este punto, el plan de publicidad se ha concentrado en desarrollar la información necesaria para el diseño de los programas de publicidad.

Después de este punto, el plan de publicidad utilizará la

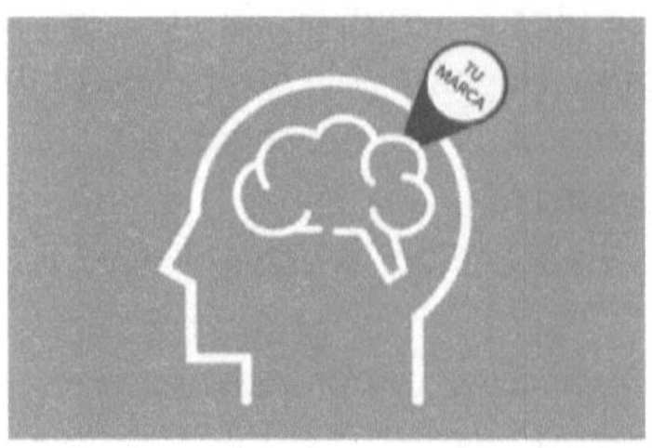

información generada en los análisis de clientes, productos y mercados para detallar los programas de publicidad. El servidor de posicionamiento y objetivos como una transición importante entre los análisis de las

necesidades del consumidor y el desarrollo de un programa de publicidad dirigido a satisfacer esas necesidades.

El posicionamiento y los objetivos publicitarios proporcionan dirección para los programas publicitarios, pero proporcionan diferentes tipos de direcciones y se alcanzan a través de diferentes procesos.

Primero se describirá el proceso para establecer el posicionamiento, que proporciona una dirección a largo plazo. Después de esto, consideraremos los objetivos publicitarios que proporcionan dirección para resolver el producto de cara a corto plazo.

¿Qué es el posicionamiento?

Al posicionar un producto, el anunciante define cómo se debe completar un producto o marca individual. La necesidad de posicionar un producto puede verse, por ejemplo, en el Colgate Junior.

Colgate seleccionó como su mercado objetivo un segmento prometedor del mercado de pasta de dientes. El segmento de los niños era grande, en crecimiento, había una evidente necesidad del consumidor y Colgate estaba bien equipado para servir al mercado.

El posicionamiento define cómo el anunciante desea que los consumidores perciban la marca en relación con productos competitivos. El posicionamiento sirve para dirigir y coordinar todos los esfuerzos de marketing, incluida la publicidad de un producto.

La decisión de posicionamiento se basa en la información proporcionada por las secciones de análisis del plan de publicidad que incluye el conocimiento del segmento de mercado, la comprensión de los atributos del producto y el conocimiento del potencial del segmento de mercado alternativo. El proceso para llegar a un posicionamiento para un producto tiene tres pasos:

segmentar el mercado, seleccionar un mercado objetivo y posicionar el producto dentro del mercado objetivo seleccionado.

La decisión de posicionamiento se resume en una declaración de posicionamiento.

Los objetivos publicitarios son declaraciones de lo que debe lograrse mediante la publicidad para superar los problemas o aprovechar las oportunidades que enfrenta el producto y afectar el posicionamiento.

Storyboard o guion gráfico en publicidad

El Storyboard es un conjunto imágenes mostradas en secuencia, con el fin de previsualizar una animación o cualquier otro medio gráfico o interactivo.

Básicamente el storyboard es un guion gráfico, que nos permite la previsualización de nuestra multimedia antes de que esté terminada.

En este se plantean las ideas principales de nuestro guion técnico y literario, en este se dejan en claro los detalles de cada escena.

La forma de elaborar un storyboard varía, dependiendo de su uso o lo que vallamos a ejecutar, ya sea un video, un poster, una animación o hasta una página web. También podemos encontrar storyboards llenos de color o en blanco y negro, lleno de detalles o simplemente trazos que esbozan una idea de figuras. Es común la utilización del storyboard en animaciones ya sea tradicional o por computadoras.

Un storyboard o guion gráfico es un conjunto de ilustraciones mostradas en secuencia con el objetivo de servir de guía para entender una historia, previsualizar una animación o seguir la estructura de una película antes de realizarse o filmarse. Un storyboard es esencialmente una serie grande de viñetas de la película o alguna sección de la a este elemento, el director puede desglosar y segmentar su filmación sin seguir estrictamente el orden lógico de la trama.

El proceso de storyboarding, en la forma que se conoce hoy, fue desarrollado en el estudio de Walt Disney durante principios de los años 1930, después de varios años de procesos similares que fueron empleados en Disney y otros estudios de animación.
El Storyboarding se hizo popular en la producción de películas de acción viva durante principios de los años 1940.
En la creación de una película con cualquier grado de fidelidad a una escritura, un storyboard proporciona una disposición visual de acontecimientos tal como deben ser vistos por el objetivo de la cámara. En el proceso de storyboarding, los detalles más técnicos complicados en el trabajo de una película pueden ser descritos de manera eficiente en el cuadro (la imagen), o en la anotación al pie del mismo.
La elaboración de un storyboard está en función directamente proporcional con el uso: en publicidad a menudo es mucho más general para que el director y el productor aporten con su talento y enriquezcan la filmación, mientras que en cine es mucho más técnico y elaborado para que sirva de guía a cada miembro del equipo de trabajo.

También podemos encontrar storyboards llenos de color o en blanco y negro, lleno de detalles o simplemente trazos que esbozan una idea de figuras. Es común la utilización del storyboard en animaciones ya sea tradicional o por computadoras. Instrucciones para realizar un Storyboard La realización previa del Storyboard te permitirá planificar tu vídeo para garantizar que se van a obtener imágenes de aquellos contenidos sobre los que trata el vídeo.

Si no se hace bien un Storyboard, se observará en la película que las imágenes poco tienen que ver con la narración. Narración: antes de filmar tu película has escrito el texto del narrador. Aquí tienes que dividir el texto en tantos fragmentos como desees. Recuerda que es importante su brevedad: el vídeo debe incluir silencios que ayuden a resaltar las imágenes. La narración no debe contar lo que se ve en la película, sino aportar información y explicar lo que se va a ver.

Tomas tipo de plano, movimiento de la cámara: una vez escrito el texto, piensa en las imágenes que deseas tomar para mostrar y explicar lo que la voz está narrando. Combina planos generales con detalles a medida que son mencionados en la voz. Un texto debe contener múltiples planos. A ser posible, las imágenes deben durar más tiempo que el texto, de modo que se produzcan frecuentes silencios de voz. Dibujo o imagen: intenta dibujar algún fotograma del plano que has descrito en la columna anterior. Todo va en tiempo sobre cada ilustración.

¿Cómo se debe hacer un Storyboard?

La realización de un Storyboard te permitirá planificar mejor y sacaras mayor provecho al tiempo de producción.

Narración: antes de filmar tu comercial has escrito el texto del narrador. Aquí tienes que dividir el texto en tantos fragmentos como desees.

Recuerda que es importante su brevedad: el vídeo debe incluir silencios que ayuden a resaltar las imágenes. La narración no debe contar lo que se ve en la película, sino aportar información y explicar lo que se va a ver.

La planificación de ventas.

En el campo de la gestión empresarial, la planificación de ventas y operaciones, también llamado planeación agregada, se refiere a las reuniones periódicas que los directores ejecutivos tienen durante el cual se revisan las proyecciones de oferta y demanda y discuten cómo éstas podrían afectar a su empresa financieramente. Durante estas reuniones, también toman decisiones para asegurar que todos los planes tácticos de corto plazo están en línea con sus planes y políticas generales de la empresa.

Al final ellos vienen con un resultado final que es un plan operativo. Especifica cómo todos los recursos de la empresa, incluidos los recursos humanos, tiempo y dinero se asignarán.

El nuevo concepto de vender.

La Planificación del Proceso de Ventas.

Determinación de los Objetivos de Ventas.

La importancia de la Prospección y Estudios de Mercado

Fases de la Venta Moderna

Identificación y estandarización de las Objeciones.

Estrategia de Cierre de Ventas para el equipo de vendedores.

El Seguimiento y Servicio Post Venta: Mantenimiento de la Cartera de Clientes.

El Plan de ventas

Si se quiere redactar un plan de ventas lo más personalizado y acertado posible en función de las necesidades de la empresa, hay que tener en consideración los siguientes tres puntos básicos:

Conocer a fondo el producto o servicio que ofreces. Hay que conocer cada detalle del servicio y producto de la empresa ofertado para convertir cualquier particularidad en un factor diferenciador que redunde en un posible beneficio que se convierta en ventaja. Hay que encontrar algo que motive y emocione al consumidor.

Conocer el mercado en el que opera tu producto. Lo principal es que conozcas quién es competencia y que descubras cuál es la oferta que existe a través de un estudio de mercado. Una vez realizada una comparación con tu entorno, con tus competidores, identifica una ventaja competitiva que haga que tus potenciales clientes quieran hacerse con tu producto o disfrutar de tu servicio.

Conocer la fuerza de ventas de tu producto. Debes conocer la red de distribuidores y vendedores que van a ser los encargados de trasladar las bondades de tu producto a los potenciales consumidores. Son los que van a presentar tu oferta al mercado y deben estar completamente capacitados.

Una vez conocidos los puntos clave de un óptimo plan de ventas, te animamos a que trabajes a fondo en el de tu empresa para que pueda obtener los mejores resultados.

El plan de ventas es imprescindible en el momento de crear una empresa, ya que nos permitirá conocer si los ingresos estimados nos permitan sufragar los costes de poner en marcha el negocio y, por tanto, saber si es viable o no. Aquí puedes conocer los pasos para elaborar tu propio plan de ventas efectivo con el que mejorar la parte comercial de tu negocio.

Desarrollo del Plan de Ventas: ¿Qué se va a vender? ¿A quién se va a vender? ¿A qué precio se va a vender? ¿A que nivel de costo-beneficio?

Conocimiento total de los competidores

Conocimiento total del producto o servicio

Organización del equipo de ventas

El objetivo del equipo de ventas es vender. Esto puede traducirse en objetivos más específicos como conseguir un volumen determinado de ventas, aumentar la cartera de clientes, incrementar las compras realizadas por cada cliente, conocer mejor a la competencia, etc.

Para lograr estos objetivos el equipo de ventas puede organizarse de acuerdo a los siguientes criterios: geográficos, clientes, tipo de productos o de forma combinada.

Atributos del Vendedor de éxito.
El entusiasmo y el manejo de las tensiones
Organización del Territorio de Ventas.
Zonificación Geográfica y determinación de rutas.
Reclutamiento, selección y capacitación del equipo de ventas.

Dirección de ventas

Los presupuestos de ventas son posiblemente el objetivo más importante tanto para la organización comercial como para el conjunto de la empresa, ya que son el elemento básico primordial para la construcción de la cuenta de resultados que dará los beneficios, fin último de una empresa.
La importancia de tener una buena previsión de ventas es también básica para los departamentos de producción ya que en muchos sectores el proceso de fabricación de los productos se inicia con muchos meses o hasta algunos años de anticipación.
La estimación de ventas es una tarea que puede estar bajo la responsabilidad de distintas áreas de la compañía.
En algunas ocasiones el departamento de marketing, en otras el departamento de investigación de mercado y a veces en el departamento de ventas son los encargados de esta labor. La razón que esto suceda es que todas estas partes del área comercial tienen algo que decir a la hora de hacer una proyección de las ventas. Fijación de Cuotas de Ventas.
Dirección del Equipo de Ventas. El avance tecnológico y como aplicarlo con éxito Juego de roles. La Sinergia: todos empujando el carro
El trabajo en equipo y su repercusión en la imagen empresaria.
La Motivación y compensación del Equipo de Ventas.

Remuneraciones e incentivos de venta

El éxito de una organización de ventas pasa por disponer de una buena política de remuneración acorde al mercado y a las necesidades del equipo. Toda dirección profesionalizada debe conseguir, con el mencionado plan, los mejores resultados de su gente, fidelidad hacia la compañía y contar con el mejor equipo humano.

Remuneración, recompensa y reconocimiento.
Relación entre retribución y resultados.
Control del plan de ventas y sus indicadores de medición.
Fijación de estándares de rendimiento en Ventas.

La Promoción de Ventas

La promoción de ventas es una herramienta que consiste en promocionar un producto o servicio a través de incentivos o actividades tales como ofertas, descuentos, cupones, regalos, sorteos, concursos, premios y muestras gratis.

Estos incentivos o actividades son conocidos como promociones de ventas, y suelen tener como finalidad promover la venta del producto o servicio, al incentivar, inducir o motivar al consumidor a decidirse por su compra o adquisición.
El uso de promociones de ventas es una estrategia efectiva comúnmente utilizada al momento de lanzar un nuevo producto al mercado, cuando se quiere ganarle participación de mercado a la competencia, o simplemente cuando se quiere tener un rápido incremento de las ventas; pero que tiene como desventaja un costo que es necesario evaluar bien antes de utilizar.
Hay más promoción que publicidad. Cuando la mayoría de nosotros pensamos en el lado promocional de un programa de mercadeo, es probable que pensemos en la publicidad en los medios de comunicación.

Anuncios de radio y televisión, publicidad impresa en revistas y periódicos, vallas publicitarias al aire libre. Estos representan el lado de la promoción más visible para el consumidor final.

La publicidad es un tipo pagado de comunicación masiva impersonal en la que el patrocinador está claramente identificado. Las formas más comunes se transmiten como he mencionado: tv. y radio e imprimir periódicos y revistas.

La promoción de ventas está diseñada para complementar la publicidad y coordinar las ventas personales. En la promoción de ventas se incluyen actividades tales como concursos para vendedores y consumidores, ferias comerciales, exhibiciones en tiendas, muestras, primas y cupones.

Las promociones de ventas son programas publicitarios cortos y de ofertas especiales dirigidos a los consumidores, el comercio o ambos, y diseñados para lograr una respuesta rápida.

Las utilizan tanto los consumidores como los anunciantes industriales y los minoristas.

El desarrollo del programa de promociones de ventas está guiado por el objetivo de la mayoría de las promociones de los consumidores que es lograr que el consumidor pruebe el producto o genere tráfico en los puntos de venta.

Las promociones comerciales generalmente están diseñadas para distribuir, o realizar esfuerzos de ventas. Una promoción de ventas se basa en una oferta de promoción de ventas que sirve como un incentivo especial para que el consumidor o el comercio tomen medidas inmediatas. Ofertas de consumo ampliamente utilizadas que incluyen reducción de precios, cupones, muestras, concursos y reembolso.

Las ofertas comerciales incluyen descuentos especiales, subsidio de exhibición, empuje de dinero, concursos, exhibiciones, publicidad cooperativa, asignaciones y asignaciones de posicionamiento.

La publicidad en los medios debe usarse para comunicar la oferta a los consumidores y el comercio. El medio de promoción de ventas debe tener un alto impacto y permitir la entrega física si así lo requiere la oferta básica. Se debe desarrollar un programa creativo separado para comunicar información sobre la promoción. Debe haber una plataforma de copia separada y anuncios separados que se centren en la oferta especial de incentivos.

La fuerza de ventas debe contar con herramientas de venta que los ayuden a presentar
la promoción de ventas a los clientes. La publicidad comercial también se puede utilizar en este esfuerzo. Para la promoción de ventas diseñada para generar tráfico y fomentar la prueba, puede ser útil una variedad de exhibiciones en la tienda. Todas las pantallas, anuncios y herramientas de venta deben integrarse creativamente en torno a una sola idea central que exprese la oferta básica.

A continuación, te presentamos algunos ejemplos de promociones de ventas clasificados según el tipo de promoción al que pertenecen:

Ofertas

Las ofertas son ofrecimientos o propuestas que se les hace a los consumidores para que compren un producto o adquieran un servicio.

Ejemplos del uso de ofertas:

cuando les ofrecemos a los consumidores la posibilidad de que puedan llevarse dos productos similares por el precio de uno (oferta de dos por uno).

cuando les ofrecemos a los consumidores la posibilidad de que puedan llevarse un producto gratis por la compra de otro diferente.

cuando les ofrecemos a los consumidores la posibilidad de que adquieran un segundo producto a mitad de precio por la compra del primero.

cuando ofrecemos uno de nuestros servicios de manera gratuita a las personas que nos visiten por primera vez.

cuando ofrecemos uno de nuestros productos o servicios de manera gratuita a las primeras 10 personas que nos compren o visiten.

Descuentos

Los descuentos son reducciones del precio regular de un producto o servicio que se realizan por un periodo de tiempo determinado.

Ejemplos del uso de descuentos: cuando brindamos un descuento en nuestros servicios a los clientes que nos recomienden y nos traigan a un amigo que también quiera adquirirlos.

Cuando brindamos un descuento en nuestros productos o servicios a las primeras 10 personas que nos compren o visiten.
Cuando brindamos un descuento en algunos de nuestros productos o servicios a las personas que nos visiten en una fecha determinada.
cuando ofrecemos un descuento del 15% en todos nuestros productos a las personas que los compren a través de Internet.
Cuando ofrecemos un descuento del 10% en todos nuestros productos por ser el mes de nuestro aniversario, o por ser una fecha especial relacionada con el tipo de producto que vendemos.

Cupones

Los cupones son vales o bonos que le dan a la persona que los posee la posibilidad de cambiarlos o canjearlos por determinados beneficios, o utilizarlos para la obtención de estos.

Ejemplos del uso de cupones: Cuando publicamos un cupón en un diario o en una revista que les da a las personas que lo corten y nos lo presenten al momento de visitarnos, el derecho a obtener un descuento del 20% en nuestros productos o servicios (cupón de descuento).
Cuando publicamos un cupón en nuestra página web o enviamos uno vía correo electrónico, que les da a las personas que lo impriman y nos lo presenten al momento de visitarnos, el derecho a obtener un descuento del 15% en nuestros productos o servicios.
Cuando les damos a nuestros clientes un cupón por cada $30 de consumo que les da el derecho a consumir $10 en cualquiera de nuestros productos en una fecha determinada (cupón de consumo).
Cuando les damos a nuestros clientes un cupón que les da el derecho a obtener un descuento del 10% en nuestros servicios en su próxima visita.

Regalos

Los regalos consisten en pequeños obsequios que se les brinda a los consumidores o clientes como muestra de afecto o con el fin de agasajarlos.

Ejemplos del uso de regalos: cuando les enviamos un pequeño regalo a nuestros principales clientes por sus cumpleaños o por tratarse de una fecha festiva.

Cuando les damos a nuestros clientes un pequeño regalo por la compra de un determinado producto o la adquisición de un determinado servicio. Cuando les obsequiamos a todos nuestros clientes artículos de mercaderías tales como lapiceros, destapadores y camisetas que lleven consigo el logo o el nombre de nuestro negocio.

Sorteos

Los sorteos consisten en actividades en donde se elige al azar a uno o varios consumidores o clientes para entregarles un premio.

Ejemplos del uso de sorteos: Cuando a todos los clientes que nos visiten en el día les damos un cupón para que lo llenen, lo depositen en un ánfora, y participen en un sorteo a realizarse antes del cierre del local.

Cuando les damos a nuestros clientes un cupón por cada $20 de consumo que les da el derecho a participar en el sorteo de un auto a realizarse en el día de nuestro aniversario.

Cuando hacemos un sorteo entre los seguidores de nuestra página en Facebook que le hayan dado un «me gusta» a una de nuestras publicaciones, cuyo premio es uno de nuestros productos.

Concursos

Los concursos consisten en competencias que se hacen entre los consumidores o clientes, y en donde se le da al ganador o a los ganadores un premio.

Ejemplos del uso de concursos: Cuando creamos un concurso entre los clientes de nuestro gimnasio en donde premiamos con dos meses gratis de membresía al que levante el mayor peso en una determinada máquina. Cuando organizamos un concurso entre los seguidores de nuestra página en Facebook en donde premiamos al que cuente la mejor historia relacionada con nuestro tipo de producto, o que publique la mejor fotografía tomada en las instalaciones de nuestro negocio.

Otros

Los siguientes son ejemplos de promociones de ventas que no están clasificados dentro de los tipos que acabamos de mencionar: Cuando hacemos degustaciones de nuestros productos con el fin de que los consumidores puedan probarlos antes de comprarlos. Cuando hacemos exposiciones o demostraciones de nuestros productos con el fin de que los consumidores puedan apreciar su funcionamiento.

Cuando les enviamos muestras gratis de nuestros productos a potenciales clientes con el fin de que puedan conocerlos directamente. Cuando brindamos pequeñas charlas o cursos gratis sobre algo relacionado con nuestros productos; por ejemplo, cuando cada semana hacemos un pequeño taller en donde enseñamos a hacer algún tipo de manualidad que vendemos en nuestro negocio.

Cuando les otorgamos a nuestros principales clientes tarjetas de membresía que les permitan acceder a determinados beneficios tales como ofertas y descuentos especiales.

Cuando les damos a nuestros clientes tarjetas de puntos acumulables con las que puedan acumular puntos cada vez que compren nuestros productos, y luego, una vez acumulado una determinada cantidad de puntos, canjearlos por productos o descuentos especiales.

Los ejemplos que acabamos de ver son promociones de ventas dirigidas a los consumidores con el fin de incentivarlos a que compren o adquieran nuestros productos o servicios; sin embargo, cabe señalar que las promociones de ventas también pueden estar dirigidas a los distribuidores, intermediarios o vendedores con el fin de incentivarlos a que alcancen mayores niveles de ventas de nuestros productos o servicios.

Ejemplos del uso de estas promociones de ventas son cuando les damos productos gratis a nuestros distribuidores al comprarnos determinada cantidad de productos, cuando les enviamos regalos a nuestros principales intermediarios, o cuando organizamos un concurso entre nuestros vendedores en donde premiamos a aquellos que logren las mayores ventas o que logren vender una determinada cantidad de productos durante un periodo de tiempo determinado.

Propaganda

Propaganda es un vocablo que viene de la institución vaticana *"De Propagare Fide"*. El término tiene origen desde el año de 1622 cuando el *Papa Gregorio XV* creó la   Sagrada Congregación para la Propaganda de la Fe (*Propaganda   Fide*). O sea, la encargada de propagar la fe católica.

Debido a que el ejercicio de propagar las ideas morales, el evangelio y el decálogo, se tomó ese nombre.

Es natural que quien hacía proselitismo religioso o político de cualquier clase quisiera llamar también esta actividad por analogía con el nombre de "propaganda".

En las universidades más serias de Europa en donde se estudia epistemología (lo que podría definirse simplemente como el estudio del conocimiento) se consagra un importante capítulo a estudiar la propaganda, entendiéndola como la fuerza y capacidad de   persuadir masas en los campos de la política y de la religión.

También ayuda a la definición "la manipulación inteligente de los hábitos organizados de las masas". Para entender la importancia de la persuasión de masas hay que estudiar la Segunda Guerra Mundial cuando Alemania, gracias a las inteligentes técnicas de persuasión de masas usadas por Joseph Goebbels, pudo prolongar y casi ganar la más mortífera guerra de la historia de la humanidad pues dominaba hasta fines de 1944 el control de la persuasión de masas.

"La propaganda funciona mejor cuando los manipulados están seguros de que están actuando libremente."

La palabra escrita es la base de la propaganda. La palabra verbal es la base de la agitación. Propaganda en su origen, fue una significación agrícola que sub-yace en toda evolución posterior.

Viene de la raíz **PAG**: Ahincar, plantar, fijar mojones. De PAG devienes PAGUS, de este PANGO: ahincar, afincar. La palabra propaganda se deriva del latín *"propagare"* que quiere decir propagar, generar o producir.

Propaganda en sentido genérico, apunta a la difusión de ideas, doctrinas y concepciones políticas, cuya aplicación práctica utiliza una gran variedad de métodos, formas y medios.

La propaganda en los medios de comunicación y el lavado de cerebro

¿Qué es el lavado de cerebro?

Por lavado de cerebro se entiende el conjunto de técnicas psicológicas coercitivas, aplicadas de manera sistemática, para 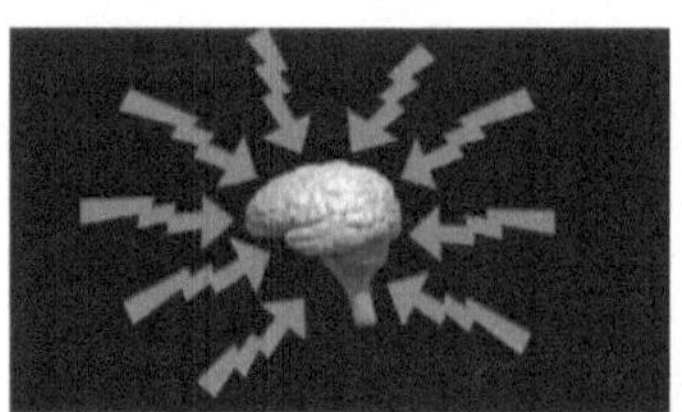 que una persona modifique su personalidad y junto con ella cambie, sin su conocimiento (sin que se dé cuenta), su manera de percibir, pensar, sentir y actuar; es decir, modifique sus actitudes, en una dirección específica: la del objetivo que se proponen aquellos que manipulan las técnicas psicológicas.

Se trata, pues, de una tecnología de control encubierta, que actúa sobre la capacidad de percibir, razonar y responder de una persona débil y desprevenida.

Usualmente, los objetivos que se pretenden alcanzar a través del lavado de cerebro están vinculados a obtener algún tipo de ganancia y/o ventaja de tipo económico, político o pseudos-religioso, como sucede en algunas sectas.

Con gran exaltación por parte de las víctimas, se puede apreciar, por ejemplo, cómo defienden frenéticamente todo cuanto implican los medios de comunicación social del grupo, personal e infraestructura, justificando cualquier acción bajo el argumento del "derecho a la libertad de expresión y de prensa", mientras que, por otra parte, agreden clara y evidentemente al personal que no forma parte de su "grupo" o destruyen sus equipos.

De forma general, el objetivo principal del uso de lavado de cerebro dirigido a un grupo en cuestión, ha sido modificar, de manera encubierta, la personalidad del mayor número posible de personas, para así contar con un grupo numeroso de individuos, que no sólo comparta la misma ideología, sino que, además, se convierta en una masa de seguidores incondicionales dispuestos a todo, que los defienda personalmente, impidiendo y dificultando la aplicación de cualquier acción legal contra ellos y que, al mismo tiempo, defiendan los intereses de los manipuladores como si fuesen propios.

Se llega incluso a perder todo sentido de ética y moralidad hasta el punto de mentir, agredir físicamente, robar, jurar por el demonio, rechazar todo mérito humano o profesional, llegando hasta la desaparición física de las personas "indeseables" y su "muerte" ... Estas son apenas señales de fidelidad, lealtad, (¡la llaman "moral"!), a la ciega e irracional entrega de la mente a la ideología del grupo o secta.

Los incautos, entiéndase la gente distraída, que presta poca atención a lo que sucede en su entorno, como decimos en criollo: "que viven en la luna y no saben lo que está pasando", también son muy propensos a los efectos del control mental, pues se trata de personas que necesitan que ocurra algo "fuerte" en su entorno para que "aterricen".

El Marketing político

Siguiendo la línea de la propaganda como base, una campaña política es la acción directa de la propaganda. Veamos. Tomando

como producto el candidato X, se debe presentar al público para conseguir sus votos. No es una tarea fácil.

El voto del electorado cambia constantemente de ruta según sus ofrecimientos. Para esto, se deben incluir todos los medios. Por lo tanto, se debe contar con un amplio presupuesto.

Una campaña electoral sin estrategia, o con la estrategia equivocada, es una derrota segura. Por bueno que sea el candidato. Por bueno que sea su partido. Por malo que sea el adversario. Pero la derrota es segura si falla la estrategia.

¿Por dónde empezar? ¿Cuál es el orden, la secuencia que a seguir? ¿Cuál es la cronología de decisiones a tomar?

¿Ya decidiste que serás candidato? ¿Ya sabes cuándo será la elección? Si tu respuesta es afirmativa, entonces ya mismo debes comenzar a planificar tu campaña electoral.

Entonces: ¿cómo planificar tu próxima campaña electoral?

El candidato es el producto al cual debes darle presentación, desde el tipo de ropa que siempre debe caracterizarlo, el estilo de ropa, los tonos de voz, el movimiento corporal entre otros. Colores y combinaciones de banderas tanto partidarias como nacional, el eslogan, las promesas apegadas a la realidad. Para todo esto se necesita un equipo que bien puede estar integrado a una agencia de publicidad que es en donde están los expertos. La manera de interactuar al candidato X con el electorado Y, de entender las necesidades que se pudieran ofrecer en ese momento según la coyuntura social.

John Stuart Mill, uno de los padres del liberalismo, comentó que era mejor ser un humano insatisfecho que un animal satisfecho. Hoy en día, cuando, acercándonos a un periodo electoral, vuelven a abundar las promesas políticas de todo signo, conviene abrir un periodo de reflexión y de autocrítica, y edulcorarlo con un ligero recuerdo a promesas pasadas, para a partir de ahí evaluar si deberíamos estar o no satisfechos.

Por ejemplo, ya hemos oído muchas campañas en donde se promete aplicarle más impuestos a los ricos, mejorar el sistema de pensiones, ampliar las libertades, eliminar los gastos del ejército, etc. Esto se ha transformado en utopía. ¡Nadie cree! Todos los partidos políticos tienen la fórmula secreta para mejorar la economía del país, aunque después parece ser no tan efectiva como en época de elecciones.

Sea como sea, lo cierto es que ya nos hemos acostumbrado a una desconfianza a los discursos de estos momentos. Es aquí en donde la campaña debe hacer creíble y posible realizar esas promesas.

Como expone la frase *"nunca olvides tu pasado, si no, no tendrás futuro"*, debemos aplicarlo. Pensar en nuestro incumplido pasado para lograr un futuro futurible.

En la propaganda política, inclusive, las fuerzas del espionaje trabajan día y noche para informar o para desinformar. La famosa CIA (Central de Inteligencia Americana), por ejemplo, puede mantener una red global que incluye cientos de periodistas, editores, editores académicos, editoriales, periódicos, revistas y compañías de fachada.

Lo mismo del lado contrario, la famosa KGB que es la equivalente a la CIA, pero en contra del capitalismo.

La CIA ocupa docenas de periodistas estadounidenses que trabajan en el extranjero y muchos otros que son nacionales de diferentes países. Y ha podido recurrir a una red separada y mucho más extensa de periódicos, servicios de noticias, revistas, editoriales, estaciones de radiodifusión y otras entidades sobre las cuales ha tenido cierto control en varias ocasiones; todo esto forma lo que se denomina "Inventario de activos de propaganda". De ese inventario, muchos medios han desaparecido, de ambos lados.

En una reunión de periodistas internacionales en Costa Rica en 1988, algunos de ellos mencionaron la "inversión" de gobiernos en los medios de comunicación contra el gobierno norteamericano dentro de los mismos Estados Unidos. Casi nadie captó el mensaje pues parecía una descripción llena de fantasías.

La propaganda política también abarca a escritores publicadores de libros.

Todo este movimiento tuvo su mayor auge en los años 60'. Todo esto es propaganda.

Propaganda y Agitación política

La Agitación y propaganda antisoviética (ASA) fue una ofensa criminal en la antigua URSS. Dicha frase era intercambiable con la de "agitación contrarrevolucionaria", la cual había estado en uso poco después del triunfo de la Revolución bolchevique de fines de 1917 y fue gradualmente eliminado a fines de la década de 1930 en favor del primero.

La diseminación de cualquier tipo de información que no estuviese oficialmente reconocida o ideológicamente aceptada era clasificada como "difamación antisoviética". De esta forma

fueron encarcelados casi todos los miembros de la ONG de derechos humanos *Helsinki Watch* que operaban dentro del territorio soviético.

"Somos o no somos. Vamos o no vamos. Vemos o no vemos. Somos, vamos, vemos, con el Frente venceremos". Ese es un grito de agitación (Slogan), como también lo era "el viva la patria" de los blancos o el "viva Batlle" de los colorados. Seguro los tiempos cambian y las consignas también. Son como los símbolos, los colores, las banderas, los estandartes.

Las tareas de agitación y propaganda, exigen de nuestra parte, conocimiento y dominio de la ideología marxista-leninista, a objeto de saber interpretar acertadamente las circunstancias políticas concretas que condicionan la realidad; proyectándola con una visión revolucionaria hacia las masas, mediante un mensaje clasista, claro y oportuno, de carácter ofensivo, que interprete el sentir y estado de ánimo de éstas y que sea capaz al mismo tiempo de ofrecerles una opción clara frente a los problemas y situaciones concretas que afectan su cotidianidad.

Propaganda Due

Propaganda Due (pronunciación italiana. Due que significa dos. Resumido en **P2**) fue una logia masónica bajo el Gran Oriente de Italia, fundada en 1877. Su carta masónica fue retirada en 1976, y se transformó en una clandestina, pseudo-masónica,

ultraderecha organización que opera en contravención del artículo 18 de la Constitución de Italia que prohibía las asociaciones secretas. En su último período, durante el cual la logia estuvo dirigida por Licio Gelli, estuvo implicado en numerosos crímenes y misterios italianos, incluido el colapso del Banco Ambrosiano, afiliado al Vaticano, los asesinatos del periodista Mino Pecorelli y el banquero Roberto Calvi, y casos de corrupción.

A veces se hacía referencia al P2 como un "estado dentro de un estado" o un "gobierno en la sombra". La logia tenía entre sus miembros a destacados periodistas, parlamentarios, industriales y líderes militares, incluido Silvio Berlusconi, quien más tarde se convirtió en Primer Ministro de Italia; el pretendiente de Saboya al trono italiano Víctor Emmanuel y los jefes de los tres servicios de inteligencia italianos
(en ese momento SISDE, SISMI y CESIS).

¿Qué es un plan de Mercadeo?

Es el proceso de desarrollo de las estrategias que lleva como misión segmentar y posicionar su producto en el mercado. Analizando, por un lado, al cliente y su deseo de consumo, y por otro a sus posibles competidores en el mercado. Obteniendo así, un plan de mercado que le permitirá tomar decisiones concretas previas a toda producción.

Principales variables a analizar en lo que respecta a la empresa:
-Situación actual
-Objetivos y metas trazadas por la empresa
-Posicionamiento del mercado
-Plan táctico para la empresa
Principales variables a analizar en lo que respecta al mercado:
Principales competidores. Participación en el mercado.

Estrategia para el producto en un mercado determinado, con un producto determinado.

Es fundamental efectuar este análisis ya que le permitirá implementar medidas correctivas si fuera necesario y, de lo contrario le brindará una visión más amplia para optimizar el funcionamiento de su empresa.

Recuerde que Ud. tiene la posibilidad de lograr el posicionamiento deseado a través de una   mezcla de mercadeo: **Producto, Precio, Punto de venta, Publicidad.**

Que contemple una estrategia que apunte a lograr los objetivos de su empresa.

Gracias al empleo del **Plan de Mezcla de Mercadeo**, se logrará tener un panorama más amplio de todas las variables, que puedan influir en su producto y en los ingresos; brindando un asesoramiento adecuado y personalizado permanentemente.

¿Qué es un plan de negocios?

Conocido en inglés como *"Business Plan"*, es una herramienta para proyectar el mercadeo de su empresa o negocio. En el debe plasmarse todas las características del mercado del producto o servicio que usted desea compartir en el mercado. En el debe plasmarse el concepto de la empresa y el producto, el lugar en donde estará, la historia del producto o servicio, la proyección de ventas, el costo de iniciación de la empresa, el arrendamiento, la participación del capital de trabajo; el pasado, presente y futuro del mercado en el cual se desea compartir. Debe incluirse: el estudio de la competencia, las promociones a considerar, el plan financiero, estrategias de mercado, métodos de distribución, cinco años de proyección de ventas, los posibles problemas y oportunidades.

El plan del negocio es el plan de mercadeo del mismo. Con esta presentación se logra financiamiento de instituciones financieras.

Marketing por email

1.1. Nociones generales:

Podemos abordar el marketing desde dos puntos de vista (como filosofía y como técnica):

Como Filosofía: Es una forma de concebir la actividad comercial

que parte de las necesidades del consumidor y tiene como fin su satisfacción a la par que se benefician todas las partes implicadas.

Como Técnica: Es el modo de desarrollar la actividad comercial que consiste en identificar, crear, desarrollar y servir a la demanda.

La actividad que desarrolla una organización al aplicar los principios del marketing, es lo que se denomina "DIRECCION DE MARKETING" - (MARKETING MANAGEMENT): diseño y puesta en práctica de estrategias que permitan alcanzar los objetivos organizacionales y el control de los resultados. Para ello se manejan los elementos del llamado "marketing mix" que son: el producto, el precio, la distribución y la comunicación, y se apoya en una serie de herramientas arriba explicado.

1.2. ¿Cuáles son por tanto las funciones del Marketing?

Detectar las necesidades de los usuarios: Mediante la adopción de políticas que acoten las áreas donde buscar dichas necesidades al mismo tiempo que se define quienes son los posibles usuarios y se establece qué tipo de soluciones puede aportar la organización.   En este punto es fundamental aplicar una filosofía imaginativa e innovadora.

Encontrar un producto que satisfaga adecuadamente las necesidades del usuario: El punto clave aquí está en la palabra "adecuadamente". Hay que comparar nuestro producto con el de la competencia y ver cómo evalúan esta Satisfacción de las necesidades los usuarios potenciales a quienes nos dirigimos

Comunicación: Es vital en la comercialización de un producto. Hay que analizar:

1. Con quién queremos comunicarnos.

2. Qué queremos comunicar: hablar de lo que es importante para el usuario.

3. Con qué medios se lo queremos comunicar: teniendo en cuenta hábitos de audiencia, adecuación del medio a lo que queremos comunicar, rentabilidad del medio.

4. Cómo lo queremos comunicar: abriendo un hueco entre todos los mensajes que recibe nuestra persona objetivo, indicando que nuestro mensaje es para él y siendo claramente inteligibles para él.

Conseguir que el producto llegue hasta el usuario.

Conseguir un beneficio y que éste se mantenga a largo plazo.

Para conseguir cumplir con estas funciones nos valemos de las herramientas del marketing:

Investigación de mercados, que pueden ser:

1. Investigación fáctica: nos proporciona una fotografía de lo que ha sido el mercado durante un período de tiempo determinado.

2. Investigación de actitudes: estudia las razones del por qué actúan así los elementos del mercado.

3. Fuerza de Ventas: permite canalizar y materializar el acto de la compra.

4. Investigación y desarrollo: desarrolla nuevos productos o modifica los existentes para adaptarse mejor a las necesidades y evalúa técnicamente los existentes.

5. Análisis de valor (¿cuánto vale para el usuario un determinado producto?).

Contabilidad analítica.

Contabilidad financiera.

Finanzas.

1.3. Conceptos básicos del Marketing:

Producto: Cualquier bien material, idea o servicio que posea un valor para el consumidor o usuario y sea susceptible de satisfacer una necesidad.

Bien: Objeto físico tangible. Puede ser destruido por el consumo o perdurar para su uso.

Ideas: Es un concepto, una filosofía, una opinión, una imagen o una cuestión. Son intangibles.

Necesidad: Estado psicológico o fisiológico, común a todos los seres humanos, caracterizado por la sensación de carencia.

Deseo: La forma con que se expresa la voluntad de satisfacer una necesidad. Está influida por el individuo, sociedad, cultura, ambiente, ... y se puede influir a través del marketing.

Demanda: Es la formulación expresa de un deseo. Está condicionada por los recursos del demandante y los estímulos del marketing.

Intercambio: Es el acto de obtener un objeto deseado, que no nos pertenece, ofreciendo algo a cambio.

1.4. Evolución del concepto del marketing:

El marketing actúa fundamentalmente sobre la demanda. Identifica, crea o desarrolla demanda, posibilitando que los deseos se conviertan en realidad y contribuye a orientar los deseos y canalizarlos hacía demandas efectivas. La característica más importante del concepto actual de marekting es la orientación al consumidor,

es decir, preocuparse de conocer y satisfacer las necesidades del cliente potencial.

Se trata de una forma de pensar, una filosofía de dirección sobre cómo debe entenderse la relación de intercambio de los productos de una organización con el mercado. Son las necesidades del consumidor o usuario las que orientan la producción.

La venta tiene como objetivo que el cliente quiera lo que la empresa posee; el marketing, en cambio, trata de que la empresa tenga lo que el cliente quiera.

LA VENTA ES UN PROCESO EN SENTIDO ÚNICO:

Empresa ----------------------> Cliente

EL MARKETING ES UN PROCESO DE DOBLE SENTIDO:

Información de necesidades

<----------------------------------

132

Empresa   Cliente
------------------------------------>
Bienes y servicios demandados

La venta tiene una visión y efectos a corto plazo en tanto que el marketing es una actividad a largo plazo.

En definitiva, el producto es sólo un medio para alcanzar un fin, que es satisfacer una necesidad. El que se pueda conseguir de un modo efectivo, es precisamente lo que persigue el marketing. Ninguna empresa conseguirá el éxito continuado sin atender las necesidades de sus clientes y percibir los cambios que se dan en el mercado, ya que el cliente satisfecho continuará relacionándose con la organización y atraerá a nuevos clientes.

Desde su aparición a principios del siglo XX, al marketing se le ha considerado de diversas formas.

En un principio se veía como una rama de la economía aplicada, destinada al estudio de los canales de distribución.

Posteriormente pasó a ser una disciplina de la dirección, que incluía técnicas para incrementar las ventas. Por último, ha tomado el carácter de una ciencia del comportamiento interesada en conocer los sistemas de relación entre comprador y vendedor.

Pueden distinguirse desde los inicios del marketing, cinco enfoques diferentes:

MERCANCÍA: El marketing consistiría, en este enfoque, en el estudio de la distribución de los distintos tipos de productos desde el productor a consumirlos.

INSTITUCIÓN: El punto de interés radica en las instituciones comerciales: Mayoristas, Detallistas, Asociaciones, ...

FUNCIÓN: Lo interesante es el estudio de las funciones que se llevan a cabo dentro del sistema comercial: Compra, Venta, Promoción, Transporte, Almacenamiento, Fijación de precio.

DECISIONISTA O GERENCIAL: Se basa en las ciencias del comportamiento y analiza los procesos de toma de y las tareas a desarrollar (análisis, planificación, organización y control).

INTERCAMBIO: Considera que el objetivo del marketing es la realización de intercambios entre dos o más partes y que debe centrarse en el por qué se producen los intercambios y en el cómo son y cómo deben ser realizados.

Santesmases lo define como: "Marketing es un modo de concebir y ejecutar la relación de intercambio, con la finalidad de que sea satisfactoria a las partes que intervienen y a la sociedad, mediante el desarrollo, valoración y promoción, por una de las partes de los bienes, servicios o ideas que la otra parte necesita."

Philip Kotler propone otra definición, que no por sencilla es menos válida:

"Marketing es una actividad humana cuya finalidad consiste en satisfacer las necesidades y deseos del ser humano mediante procesos de intercambio."

Es la que lleva a cabo la relación de intercambio de la empresa con el mercado, constituye la última etapa del circuito real de bienes de la empresa (aprovisionamiento - producción - venta) pero es también la primera actividad a desarrollar en el proceso empresarial; es la que debe identificar las necesidades del mercado e informar a la empresa de las mismas para que el proceso productivo se adapte a ellas; conecta a la empresa con el mercado.

La ejecución de la función comercial con un enfoque de marketing supone el desarrollo de un proceso secuencial, cuyas principales fases son:

1. Análisis del sistema comercial (mercado, competidores, suministradores, público interesado y entorno).
2. Diseño de estrategias mediante la adecuada combinación de los distintos instrumentos de marketing (producto, precio, distribución y comunicación).
3. Dirección, organización y control de la actividad comercial.

Para analizar las necesidades, la empresa dispone de los métodos y técnicas de la investigación comercial, que permitirán desarrollar un sistema de información que facilite la determinación de objetivos y la toma de decisiones.

Para desarrollar estrategias, la empresa dispone de los instrumentos básicos del marketing ya dichos, que se conocen por las "4P's" (**producto, precio, punto de venta y promoción**); éstos cuatro instrumentos constituyen las variables controlables del sistema comercial.

Pero, por otra parte, la empresa debe enfrentarse, en el proceso de comercialización con una competencia, unos suministradores y un comportamiento cambiante del mercado que se desenvuelve en un entorno (económico, legal, social, cultural,) constituyendo las variables no controlables del sistema comercial.

Los elementos de un sistema comercial son los protagonistas del mismo, es decir: las empresas, los proveedores, los intermediarios, el mercado y el entorno.

El mercado existe cuando hay un grupo de personas que tienen una necesidad, poseen la capacidad de compra y están dispuestas a comprar; dentro de él hemos de establecer cuál es nuestro mercado objeto al que queremos llegar.

Las necesidades del mercado, hemos visto antes que se transformar en deseos, y éstos en demandas que hemos de intentar prever con todas las dificultades que esto lleva consigo.

Para un mejor estudio, comprensión y abordaje del mercado recurrimos a la segmentación del mercado en grupos de acuerdo con características que son relevantes para el comportamiento de compra o consumo; la segmentación permitirá determinar los mercados objeto y orientará la composición del *marketing mix (mezcla del mercadeo).*

Vamos a continuación, a relacionar la función del marketing con la estrategia de negocio, y con la actividad de la fuerza de ventas, en los tres siguientes capítulos.

Lo más importante para una empresa es:

El incremento en la complejidad del entorno y el rápido cambio tecnológico, económico, social y competitivo ha conducido a las empresas a crear en primer lugar, y a reforzar seguidamente, la función de marketing.

En esta evolución diferenciamos tres fases: **El Marketing Pasivo, El Marketing de Organización y el Marketing Activo.**

A) Marketing Pasivo.

Las organizaciones de marketing pasivo sobreviven en un entorno caracterizado por la escasez de oferta. Las necesidades son básicas y conocidas y el ritmo de innovación tecnológico es débil. En este entorno, el marketing tiene un papel limitado y pasivo. El marketing estratégico es sencillo puesto que las necesidades son conocidas y el operativo se reduce a la organización de la salida de los productos fabricados.

La organización está dominada por la función de producción, siendo prioritario el desarrollo de la capacidad productiva y no considerándose preciso el investigar el mercado. En esta etapa de desarrollo, la posición jerárquica y las funciones del departamento de marketing son muy limitadas.
El marketing pasivo, por tanto, se enfoca a la producción. Este tipo de empresa sobrevive mientras la demanda supere a la oferta y no exista una presión competitiva, siendo por tanto una situación temporal y peligrosa, al no favorecer la adaptación al entorno.

B) Marketing de Organización.

En un entorno caracterizado por la fuerte expansión de la demanda y las capacidades de producción, la organización pone énfasis en la óptica de ventas.
En esta etapa, el marketing trata de crear una organización comercial eficaz y de buscar y organizar las salidas de los productos fabricados.
Las funciones de la dirección comercial se centran en la organización de la distribución física, la puesta en funcionamiento de la red de ventas, la política de marcas, la publicidad, promoción y los estudios de mercado. La óptica de ventas suele considerar que los consumidores son reacios a comprar, por lo que deben ser estimulados a comprar utilizando técnicas de promoción agresivas.
El marketing de organización sobrevive en un entorno con un mercado en expansión, productos débilmente diferenciados y consumidores poco experimentados. El riesgo de esta óptica es considerarla válida en todas las circunstancias y no atender las auténticas necesidades de los consumidores.

C) Marketing Activo.

En esta etapa se refuerza el papel del marketing estratégico en la empresa.
Se caracteriza por la orientación de la empresa hacia el marketing, siendo la satisfacción de las necesidades de los consumidores el objetivo prioritario de las organizaciones.

Esta evolución se origina por tres factores:

Progreso Tecnológico: Este periodo ha sido una época de innovación, de extensión, de explotación y de modificación de la tecnología.

Saturación del núcleo básico del mercado: La creciente competencia por los segmentos poblacionales de mayor tamaño y la saturación de la demanda de productos correspondientes a las necesidades básicas contribuyen a modificar el marketing. Las empresas tienen que realizar estrategias de segmentación de mercados y diferenciar los productos para adaptarlos a las necesidades de grupos específicos de consumidores. Los mercados se fragmentan y las empresas se dirigen a los segmentos periféricos investigando las necesidades y preferencias específicas de los distintos grupos poblacionales. La competencia por el núcleo del mercado dificulta la obtención de rentabilidades para la empresa con productos poco diferenciados dirigidos a un público masivo. Las empresas en esta fase desarrollan estrategias de segmentación lanzando ofertas comerciales más específicas a grupos más reducidos de consumidores.

La internacionalización de los mercados: La creciente internacionalización de los mercados produce amenazas y oportunidades para las empresas, afectando a su posición competitiva y enfrentándose a un mercado global. Los profundos cambios de entorno de muchas empresas y sectores fuerzan a las empresas a revisar sus estrategias y redefinir su gestión.

El Telemarketing

Es una adaptación mucho más completa y elaborada de una "vieja" técnica de Marketing Directo: las TeleVentas; sistema en

que un vendedor contacta "en frío" a un potencial cliente para ofrecerle algún producto o servicio. Normalmente es por teléfono. Y el negocio de televentas es llamado **Call Center**.

El telemarketing como técnica de venta

El telemarketing se basa en la confianza que la voz del comercial transmite al cliente potencial. Respecto a otras técnicas de venta tiene muchas ventajas:

Supone un importante ahorro en costos: no existen gastos de desplazamiento, ni de representación, no hace falta más que una conexión telefónica.

Permite acceder a un gran número de **clientes** o clientes potenciales en poco tiempo que, a diferencia de otros métodos, como por ejemplo las visitas, que limitan bastante esta capacidad.

Facilitan la tarea de llegar a conocer mejor al consumidor y sus gustos.

Los principales inconvenientes son:

Requiere de una inversión en formación a todo el equipo de ventas: un **mal asesor comercial** telefónico puede hacer mucho daño a la organización. Respuestas inadecuadas, información errónea o incompleta a los clientes o fallos en la recogida de datos pueden suponer un coste difícil de calcular y una situación complicada de resolver. Un agente con un pésimo acento en el idioma en que se llama puede ser un gran error.

En ocasiones los clientes compran por simpatía, no por el producto o servicio: ya que consideran al vendedor como un amigo por el vínculo que se crea entre ellos, lo que hace que, al faltar ese vendedor no quieran seguir comprando.

El horario de contacto con los clientes es limitado: no sólo el horario laboral de la empresa, sino el de las empresas clientes, a diferencia de técnicas como, por ejemplo, el marketing en internet, que trabaja 365 días al año y 24 horas al día.

Puede generar rechazo: ya que hay personas a las que les incomoda recibir llamadas de telemarketing y ello puede incluso repercutir negativamente en la imagen del producto o servicio.

Podría causar desconfianza: ya que no se puede ver a la persona con la que se está **cerrando la venta** ni se puede acudir físicamente (en la mayoría de los casos) al lugar desde donde se vende.

¿Conviene seguir usando el telemarketing como técnica de venta?
Si hacemos una valoración de la eficiencia del telemarketing como técnica de venta encontraremos que puede suplirse, o al menos complementarse, con otras más actuales y más orientadas a la mentalidad del nuevo consumidor.
Este tipo de cliente es una persona más joven y con una mentalidad mucho más tecnológica. Se trata de gente que va a buscar lo que necesita sin que ello le encuentre a él primero, o eso es lo que creen.
En los tiempos actuales el marketing tan directo no es una opción tan fructífera como lo era hasta hace unos años. Hoy día es preferible optar por modelos basados en la confianza y en la aportación de valor, que, con el tiempo, generan lazos que son los que provocan la venta, cuando el cliente lo estima oportuno.

Tipos de medios de comunicación de masas

Libros
Corresponden a un medio escrito. Gracias a adelantos tecnológicos se ha posibilitado su reproducción en serie y, en consecuencia, pueden llegar a varios receptores a la vez.

Prensa escrita
Medio de comunicación impreso. Son los periódicos o revistas de publicación diaria o regular, que contienen temas de distintas materias; además se caracterizan por la forma cómo entregan la información.

La televisión. Es un sistema de transmisión de imágenes en movimiento. Al mezclar el sonido con la imagen, los mensajes entregados por la TV impactan y persuaden a los receptores de manera más rápida y certera.

La radio.
Sistema de transmisión de mensajes orales. Sus mensajes son transmitidos por medio de ondas hertzianas y puede recorrer varias distancias en un lapso de tiempo breve. Su modo de transmisión de mensajes es simultáneo.

Internet. Es una red de redes, en la cual la información está estructurada y organizada de acuerdo a temas y áreas. Así los "buscadores" facilitan el trabajo en la entrega e interpretación de la información.

Cine. Surge en 1895 con la primera película de los hermanos Lumiere:" La salida de los obreros de la fábrica". El cine al ser limitado en su tiempo real, comprime la narración por medio del empleo de medios técnicos y estructurales, como, por ejemplo, el guión cinematográfico, escenas, plano, secuencia, etc.

El celular. Los dispositivos móviles son una herramienta no solo laboral, para las personas, sino que han ocupado un espacio personal para cada ser humano.

Ahora un teléfono celular es el acompañante fie de la mayoría de las personas, en lo laboral es indispensable por correos electrónicos, whtasapp, mensajería y llamados entre jefes y compañeros de trabajo.

En el ámbito social también es necesario, ya que, la comunicación entre amigos se hace a través de whatsapp, llamadas y mensajes; para el amor también son muy útiles los móviles, ya que la comunicación entre parejas se hace de la misma manera. Y en el tema de entretenimiento y diversión de igual manera, las personas en su tiempo libre para divertirse en el celular, ya sea en sus redes sociales o en juegos descargados. Uno de los más relevantes y cada vez más visto es el uso de las personas del celular para obtener información, ya sea noticias, entretenimiento, culturalización, entre otros.

Es decir, que cada vez se usa más el Internet en los celulares y menos en los computadores u otros medios electrónicos. De igual manera el consumo de medios tradicionales, como: televisión, radio y periódicos ha bajado de manera evidente. En periodismo ha demostrado que el celular es una herramienta única.

Según el *Median Consumption Forecasts de Zenith,* en una estadística publicada en *Puro Marketing,* el uso de Internet Móvil representará el 26% del consumo mundial de medios en 2019, frente al 19% en 2016. Es decir, en todo el mundo se navegará un promedio de 122 minutos al día accediendo al Internet Móvil por medio de celulares.

A pesar del rápido aumento del Internet y la tecnología en el mundo, los medios tradicionales siguen vigentes; si bien su índice de consumidores ha bajado, los consumidores siguen eligiendo, en mayores casos, la televisión como medio de información y entretenimiento.

MERCADEO EN REDES SOCIALES

La Mercadotecnia en Redes Sociales es un tipo de estrategia que utiliza todas y cada una de las herramientas de mercadeo para satisfacer los objetivos comerciales de una empresa o persona en particular, el marketing en redes sociales siempre usa, como plataforma de promoción, por ejemplo, los medios sociales, aprovechando todas las ventajas que éstos poseen.

El mercadeo en redes sociales está innovando dado el auge de las tecnologías de Internet y el uso del Mercadeo Digital.

Las innovaciones del mercadeo en redes sociales están fundamentadas en que esta actividad no se **limita** a lanzar un anuncio, sino cómo, cuándo y sobre todo: a quién va dedicado. Es decir que el marketing en redes sociales, es todo un proceso complejo. Debido a ello, las empresas gastan millones de dólares cada año **investigando todo el tráfico** que hay en las redes sociales, para que, de esta manera, realicen mejores campañas publicitarias.

Mercadeo digital

El mercadeo digital se da cuando utilizamos el Internet y las redes sociales con la finalidad de comercializar y promocionar un producto o servicio.

Proporcionar un sitio Web es el pilar de todo lo que conlleva

tener una presencia en línea, ahí llegarán las personas a conocer tus servicios y en ese sitio debe estar la información que andan buscando. Debe generar confianza, ser sencilla de usar y tener facilidades en cuanto a comunicación con el negocio.

El objetivo de las redes sociales en el mercadeo digital es crear una comunidad, su objetivo no es vender los productos o servicios, si no, que las personas se identifiquen con la marca y la reconozcan fácilmente.

Las aplicaciones forman parte de este mundo, porque son elementos que los expertos en el área utilizan con frecuencia, para mejorar el proceso de su trabajo.

La tecnología es la mano derecha del marketing digital, por esta razón, es importante que las personas estén al día con las noticias que repercuten en el área.

Una aplicación se define como un programa informático que permite al usuario realizar uno o varios tipos de trabajos. Ejemplos: -Safari. -Instagram -Facebook -Apple Music -Google Drive –WhatsApp -Viber -Pinterest -Twitter –Amazon -Gmail.

El marketing digital incluye dentro de sus servicios a la *social media*, por esta razón las aplicaciones están incluidas en el tema.

La social media abarca todo lo relacionado a las redes sociales, también existe el papel del *community manager* que se encarga de gestionar cada una de estas.

En la mercadotecnia digital, la persona que lleva las redes sociales, debe tener dominio de las aplicaciones, para que su trabajo sea más óptimo.

El **proceso** del marketing o mercadeo en las redes sociales, tiene la prerrogativa de que existe siempre una red de amigos o contactos que producen un **tráfico viral** increíble cuando se comparten unos las publicaciones de otros, lo que origina que al final esa imagen o información puede dar, literalmente, la vuelta al mundo en cuestión de horas.

Las empresas cada vez están buscando contactar más clientes, tener un mayor alcance e incrementar sus ventas, pero muchas todavía, descuidan las ventajas del mercadeo en Redes Sociales. Todos estos aspectos ya no pueden lograrse sólo a través del mercadeo tradicional. Por lo tanto, las empresas y especialmente las que ofrecen ventas en línea, deben recurrir a nuevos canales de comunicación como son los Medios Sociales, para establecer un mejor contacto, más fuerte y directo con sus clientes.

Los medios sociales como Facebook, Twitterr, MySpacee, Ninng, Taggedd, MyYearbook, Badoo y otros, son considerados Medios Sociales de Interés General.

Todas esas redes cuentan en su sistema ordenativo con robots que envían anuncios según la edad y el interés social que se vaya localizando en la búsqueda, así, usted recibe una oferta por lo que haya buscado ya sea desde un artículo hasta un aeroplano. Hay otras redes sociales consideradas redes de vídeo como YouTube; redes de turismo, redes de reuniones; redes de negocios como LinkedInn, redes para adolescentes jóvenes y adultos; redes de estilo de vida, redes noticiosas que ponen en peligro los periódicos en papel, redes deportivas y en fin, toda clase de redes de la que usted tenga interés.

Todas ellas tienen su mercadeo establecido. Es así como se reciben mensajes y ofertas de hoteles y sus precios, de nueva música, etc.

Muchas empresas todavía confían en sus modelos tradicionales de generación de ingresos, pero, el crecimiento sostenido en el largo plazo hoy en día, sólo puede ser fomentado a través de canales directos y una constante comunicación con los clientes finales.

También hay que esforzarse por tener una mejor relación con los clientes a través de servicios confiables. Servicios que puedan ser medibles y orientados a resultados, para así ampliar la imagen global de la empresa en el mercado.

Sin embargo, el fuerte ambiente de competencia, hace que las empresas deban recurrir a los medios sociales para hablar con sus clientes y ofrecerles cada vez, mejores servicios.

Y aunque no es fácil saber cómo elegir la mejor Red Social para cada negocio, lo cierto es que una de las principales ventajas del mercadeo en Redes Sociales es que es un medio eficaz y confiable de comunicarse con los clientes, donde quiera que estén.

A través de las Redes Sociales, las empresas pueden poner anuncios e información corporativa, incluyendo ofertas, eventos, concursos, lanzamiento de productos o servicios, etc.

Este medio también es útil para obtener opiniones de los clientes, realizar encuestas e incluso, hacer estudios de mercado.

Por otra parte, el mercadeo en redes sociales es una nueva, relevante e influyente forma de hacer mercadeo por Internet de una manera dinámica y moderna.

Sirve para reducir costos de publicidad e incluso para llegar a nuevos clientes potenciales.

Los Expertos en Social Media utilizan las Redes Sociales y los Blogs para compartir con sus comunidades en línea, para difundir sus negocios y para hacer una promoción más efectiva de sus Sitios Web.

Otras Ventajas del Mercadeo en Redes Sociales

Ayuda a mejorar la imagen de marca de la empresa

Es una forma económica de tener una comunicación directa con los clientes

Ayuda a promocionar su sitio web de manera eficaz

Mejora la reputación de la empresa en el mercado.

Mejora la comunicación dentro y fuera de la empresa

Aumenta la lealtad de los clientes.

Fomenta la conciencia de marca.

Ayuda a mejorar el servicio de atención al cliente.

Ofrece nuevas perspectivas y oportunidades de negocios para los sitios web.

Mejora las operaciones de la compañía a través de rápidas respuestas a los clientes.

Ayuda a orientar el mercado demográficamente.

Permite identificar tendencias y realizar análisis de mercado.

Las desventajas de utilizar redes sociales como herramientas de marketing

Las redes sociales presentan varios cambios al marketing tradicional.

La principal desventaja en el uso de las redes sociales como herramientas de marketing es el tiempo requerido para navegar y gestionar las complejidades de cada medio.

Las redes sociales vienen en configuraciones y formas diferentes y cada una requiere su propio enfoque distintivo al compromiso y la individualización.

La red social es intensiva en el tiempo

Como su nombre indica, los medios sociales son intercambios interactivos y exitosos en dos sentidos que toman compromiso. La naturaleza del mercadeo cambia las redes sociales, con el enfoque puesto en el establecimiento de las relaciones a largo plazo que pueden convertirse en más ventas.

Alguien tiene que ser responsable de supervisar cada red, responder a los comentarios, responder las preguntas y publicar información del producto que el cliente considere valiosa. A las empresas sin un servicio para administrar estas redes sociales les resultará difícil competir.

El marketing social visto como un intruso

Algunos miembros de la red social ávidos sienten que el mercadeo y su principal herramienta, la publicidad, se entrometen en su privacidad. La práctica de formar anuncios y campañas de información de los miembros recogidos de sitios de redes sociales ha revuelto una controversia de confidencialidad de onda y los esfuerzos de marketing pueden cumplirse con reacciones de amargura y ofensiva.

Falta de control de comentario

Un aspecto de las redes sociales que es especialmente perjudicial para las campañas de mercadeo son las respuestas de correo negativo.

Los clientes infelices o competidores de la industria son capaces de publicar fotos despectivas u ofensivas, mensajes o videos y no hay mucho que un comercializador pueda hacer para prevenir estos hechos.

Sin embargo, no se puede ignorar los comentarios negativos u otros no constructivos. Las redes sociales deben manejarse de manera bastante eficiente para responder de inmediato y neutralizar los mensajes nocivos, que lleva más tiempo.

Los negocios locales y los fanáticos distantes

La mayoría de las redes sociales tienen la libertad de unirse y operar, pero sin publicidad pagada para tratar firmemente su base de clientes, las empresas locales suelen terminar con seguidores que no son locales.

El mejor uso de la comercialización a través de las redes sociales es recabar información de los clientes con respecto a sus intereses y motivaciones para el negocio de la repetición.

El mercadeo social puede desinflarse cuando los clientes no rondan los negocios locales de manera frecuente y proporcionar con precisión datos mediante el uso del servicio. Hasta cierto punto, las opciones de comercio electrónico pueden optimizar esta desventaja que ofrecen productos o servicios.

Observaciones:

Las redes sociales se han convertido en una herramienta indispensable para ampliar un negocio, más allá de los medios de comunicación.

El 84% de los ejecutivos utilizan las redes sociales para tomar decisiones de compra de servicios o adquisición de negocios. Las redes sociales también son medios de propaganda computacional, son redes de desinformación, cuando se trata de propaganda y contrapropaganda y se identifica como 'desinformación digital' que se ocupa casi siempre, para desacreditar a opositores políticos o ahogar a opiniones disidentes, suprimiendo de este modo los Derechos Humanos.

INVENTARIO

El inventario representa la existencia de bienes almacenados destinados a realizar una operación, sea de compra, alquiler, venta, uso o transformación. Debe aparecer, contablemente,

dentro del activo como un activo circulante.

El inventario es una relación detallada, ordenada y valorada de los elementos que componen el patrimonio de una empresa o persona en un momento determinado. Antiguamente lo normal era que los inventarios se realizaran por medio físico (se escribían en un papel), pero ahora se suelen mantener en bases de datos de manera centralizada a toda una empresa, aunque haya empresas o tiendas pequeñas que lo sigan haciendo con papel.

El inventario es:

detallado porque se especifican las características de cada uno de los elementos que integran el patrimonio.

ordenado porque agrupa los elementos patrimoniales en sus cuentas correspondientes y las cuentas en sus masas patrimoniales.

valorado porque se expresa el valor de cada elemento patrimonial en unidades monetarias. La variación de números que encontramos en un inventario por ejemplo el reencuentro de datos de la empresa

Sistemas de Inventarios

Los sistemas de inventarios son aquellos que se utilizan para contabilizar las existencias, entradas y salidas de los productos o materiales dispuestos para fines de ventas. Estos sistemas van dirigidos a distintos tipos de organizaciones y se adecuan al tamaño de las mismas.

Existen dos tipos de sistemas de inventarios:

El sistema de inventarios perpetuos: El sistema de inventarios perpetuos mantiene un registro corriente del inventario y del costo de los bienes vendidos, es decir, el inventario se actualiza

perpetuamente (de forma constante). Este sistema logra un mejor control sobre el inventario. Aun en un sistema perpetuo, la empresa debe contabilizar el inventario por lo menos una vez al año. El conteo físico capta las transacciones de inventarios que no son detectadas por el sistema electrónico (como aquellas mercancías mal colocadas, robadas o dañadas). El conteo establece la cantidad correcta de inventario final para los estados financieros y, también, sirve como una verificación de los registros perpetuos.

El sistema de inventarios periódicos: El sistema de inventarios periódicos se usa por lo general para bienes relativamente poco costosos. Una tienda de artículos de consumo básico, que en general no dispone de cajas registradoras con escáner óptico, no lleva un registro corriente de cada pieza de pan ni de cada llavero que vende. En cambio, el negocio cuenta su inventario en forma periódica para determinar las cantidades disponibles. Los restaurantes y las pequeñas tiendas al menudeo (detallistas) también usan el sistema periódico.

El sistema de inventarios perpetuos es el más utilizado pues brinda más seguridad además permite conocer la cantidad actualizada de cada mercancía que posee la empresa, de esta forma se manejan mejores las ventas y contabilidad.

Métodos de costeo en el inventario perpetuo. Los métodos de costeo son aquellos que permiten identificar el costo de las mercancías vendidas para calcular la utilidad bruta generada en un periodo contable. Existen cuatro métodos de costeo permitidos por los principios de contabilidad generalmente aceptados son:

Costo unitario específico

Costo promedio

Costo de primeras-entradas, primeras-salidas (PEPS)

Costo de últimas-entradas, primeras-salidas (UEPS)

Entre estos métodos el más recomendable es el método de costo promedio, el cual se calcula promediando los distintos costos de adquisición de mercancías, mientas que el método menos utilizado es el costo unitario especifico. Puedes acceder a un ejemplo práctico donde se calcula el costo de las mercancías vendidas utilizando los distintos métodos mediante este enlace.

Razones por las cuales se requiere mantener inventario

Reducir costos de pedir. Al pedir un lote de materias primas de un proveedor, se incurre en un costo para el procesamiento del pedido, el seguimiento de la orden y para la recepción de la compra en almacén.

Al producir mayor cantidad de lotes, se mantendrán mayores inventarios, pero se harán menos pedidos durante un periodo determinado, y con ello se reducirán los costos anuales de pedir.

Reducir costos por material faltante. Al no tener material disponible en inventario para continuar con la producción o satisfacer la demanda del cliente, se incurren en costos.

Entre ellos, las ventas perdidas, los clientes insatisfechos, costos por retrasar o parar producción. Para poder tener una protección para evitar faltantes, se puede mantener un inventario adicional, conocido como inventario de seguridad.

Reducir **costos de adquisición**. En la compra de materiales, la adquisición de lotes más grandes puede incrementar los costos de materias primas; sin embargo, los costos menores pueden reducirse debido a que se aplican descuentos por cantidad y a menor costo de **flete** y manejo de materiales.

Para **productos terminados**, los tamaños de lote más grande incrementan los inventarios en proceso y de productos terminados; sin embargo, los costos unitarios promedio pudieran resultar inferiores debido a que los costos por maquinaria y tecnología se distribuyen sobre lotes más grandes.

Cuando iniciamos la producción de un lote, el riesgo que resulten muchas piezas defectuosas es grande.

Los operarios podrán estar aprendiendo, quizás no se alimenten los materiales correctamente, las máquinas necesitan ajuste y deberá producirse una cierta cantidad de producto antes que la situación se estabilice.

Lotes de mayor tamaño, menos cambios por año y menos desperdicio.

Razones por las cuales no se desea mantener inventario

Se desea reducir los inventarios debido a que, al aumentar los niveles, ciertos costos aumentan, por ejemplo:

Costo de almacenaje. Entre los costos en los que se incurren para almacenar y administrar inventarios se encuentran: intereses sobre la deuda, intereses no aprovechados que se ganarían sobre ingresos, alquiler del almacén, acondicionamiento, calefacción, iluminación, limpieza, mantenimiento, protección, flete, recepción, manejo de materiales, impuestos, seguros y administración.

Dificultad para responder a los clientes. Al existir grandes inventarios en proceso se obstruyen los sistemas de producción, aumenta el tiempo necesario para producir y entregar los pedidos a los clientes, con lo que disminuye la capacidad de respuesta a los cambios de pedidos de los clientes.

Costo de coordinar la producción. Inventarios grandes obstruyen el proceso de producción, lo cual requiere mayor personal para resolver problemas de tránsito, para resolver congestionamiento de la producción y coordinar programas.

Costos por reducción en la capacidad. Los materiales pedidos, conservados y producidos antes que sean necesarios desperdician capacidad de producción.

Costos por productos defectuosos en lotes grandes. Cuando se producen lotes grandes se obtienen inventarios grandes. Cuando un lote grande sale defectuoso se almacenen grandes cantidades de inventario defectuoso. Los lotes de menor tamaño (y con ello una reducción en los niveles de inventario) pueden reducir la cantidad de materiales defectuosos.

Inventario de seguridad o de reserva, es el que se mantiene para compensar los riesgos de paros no planeados de la producción o incrementos inesperados en la demanda de los clientes.

Inventario de desacoplamiento, es el que se requiere entre dos procesos u operaciones adyacentes cuyas tasas de producción no pueden sincronizarse; esto permite que cada proceso funcione como se planea.

Inventario en tránsito, está constituido por materiales que avanzan en la cadena de valor. Estos materiales son artículos que se han pedido, pero no se han recibido todavía.

Inventario de ciclo, resulta cuando la cantidad de unidades compradas (o producidas) con el fin de reducir los costos por unidad de compra (o incrementar la eficiencia de la producción) es mayor que las necesidades inmediatas de la empresa.

Inventario de previsión o estacional se acumula cuando una empresa produce más de los requerimientos inmediatos durante los periodos de demanda baja para satisfacer las de demanda alta. Con frecuencia, este se acumula cuando la demanda es estacional.

El mercadeo dentro de las empresas gigantes

Las claves del éxito de Costco, el «mega» supermercado con carné de socio.
He tomado este ejemplo pues es una empresa de triunfo mundial actualizada

Costco Wholesale es un «club de compras». Una megasuperficie

comercial basada en la filosofía de la venta al por mayor, pero con el atractivo de poder comprar al por menor grandes «packs» de productos a precios bajos.
El éxito del segundo grupo de distribución más grande del mundo está en «fidelizar al socio y hacerle sentir privilegiado por tener acceso a través de un carné a este negocio». Una autorización de acceso, para clientes domésticos y autónomos, que logra mantener fidelizado al 90% de sus usuarios. Sin grandes campañas de publicidad, su principal fuente de nuevos socios es el tradicional boca a boca. La fidelización es un concepto de marketing que designa la lealtad de un cliente a una marca, producto o servicio concretos, que compra o a los que recurre de forma continua o periódica.
En el Costco, la política de precios bajos es muy agresiva. Algo posible por la capacidad de maniobra comercial con las multinacionales para adquirir un gran «stock» de los productos para los 682 centros que tiene en todo el mundo. En total **80+ millones de socios** pagan sus cuotas anuales Así llegan a sus estanterías elementos de «calidad» que pueden ser vendidos «prácticamente a precios de fabricante».
En sus estanterías, austeras como las de un almacen industrial, la compañía presume de ofrecer «ahorro y calidad». Eso y la información de «Costos al mínimo, no gastamos en publicidad, materiales caros o lujosos y tienda almacén», explican en su página práctica.

Servicios «exclusivos» para clientes

Además de una marca «blanca» de productos, llamada *Kirkland,* Costco ofrece servicios exclusivos a sus socios: un centro auditivo, óptica, centro de neumáticos, gasolinera a precios bajos e incluso joyería y farmacia. También, bonos de experiencias en spas y resorts hoteleros o rutas por bodegas. Su política de devoluciones tampoco tiene parangón entre sus competidores: «Costco acepta las devoluciones dentro de 90 días a partir de la fecha de compra para televisiones, proyectores, ordenadores, tablets, cámaras, cámaras de video, reproductores de mp3 y teléfonos móviles, y cualquier otro producto electrónico que pueda sea incluido en el futuro», informan en sus condiciones de servicio.

Costco, fue fundada por *Jeffrey H. Brotman y James D. Sinegal* en California e 1976. La empresa cuenta con una fuerza laboral de más de 189.000 empleados alrededor del mundo y 671 tiendas localizadas en cuatro regiones: Europa Occidental, Norte América, Asia y Australia.

Donde la mayoría de estas (474) se localizan en territorio estadounidense, seguido por sus locales de Canadá con 88 galpones y el Reino Unido con 26 tiendas. En la actualidad, Costco Wholesale tiene ventas que superan los 112 billones anuales

La empresa comercializa una variada gama de 4000 productos, que varían entre frutas y carnes frescas a productos altamente tecnológicos, además, cuenta con su propia marca de producción; Kirkland.

Costco Wholesale se ha planteado objetivos claros al corto, mediano y largo plazo, donde la expansión de la empresa a países en los cuales aún no tienen representación comercial, el aumento de las ventas, a través de la página web de la compañía y, la prolongación de seguir satisfaciendo las necesidades de sus socios, centran los principales objetivos que esta organización se ha planteado.

A través de los años, Costco ha extendido la variedad de productos que ofrece, esta compañía comercializa, por ejemplo; productos frescos (frutas, verduras, carnes, pescados, mariscos, lácteos, panadería, pastelería, flores), ropa, libros, software, electrónicos, computadores, electrodomésticos, paneles solares, joyas, arte y decoración, neumáticos, vinos, muebles, productos farmacéuticos, procesadores de fotografías, gasolineras, centros para ayuda auditiva y ocular, etc.

La primera tienda de la compañía se llamó *"Price Club"* y, fue inaugurada en San Diego, California en 1976. Esta peculiar dependencia fue el resultado de la conversión de un hangar de aviones en el establecimiento propiamente tal. Sirviendo originalmente sólo a pequeñas empresas, la compañía descubrió que podría lograr un mayor poder de compra, sirviendo, además, a un selecto público de miembros ajenos a la empresa. Fue este cambio el cual produjo el crecimiento en la industria de los clubs de negocios.

Sin embargo, no fue hasta 1983 cuando se produjo el debut de Costco Wholesale en Seattle, Washington.

Esta compañía hizo historia, convirtiéndose en la primera empresa, que alcanzó un crecimiento desde cero a 3 billones en ventas en menos de 6 años. Costco y Price Club se fusionaron en 1993, operando bajo el nombre de PriceCostco, consiguieron abrir 206 tiendas generando 16 billones en ventas anuales.

Fue en 1997 cuando se resumió el nombre a Costco, desde entonces, la compañía se ha expandido alrededor del mundo. Esta firma tiene un mercadeo excelente y me restaba informar que tiene su propia revista de promociones impresa que llega a los socios y compras por línea (Internet).

Distribución de productos por medio del Cross Docking

El término **cross** es un verbo del inglés cuyo significado es pasar, cruzar, traspasar.

La palabra **docking** es un sustantivo cuyo concepto es atraque o acoplamiento.

Clase: locución inglesa formada por un verbo (to cross) y un sustantivo (docking) y que como tal se utiliza en español.

La definición de esta locución, dentro del ámbito de la logística es la descarga de una mercadería desde un vehículo entrante, camión, tren, etc. para cargarla en otro del mismo tipo saliente. La meta de esto es el cambio del medio de transporte, el envío de mercaderías a diferentes destinos o simplemente la consolidación de mercaderías que provienen de orígenes diferentes.

También se puede definir como un tipo de distribución en el cual se reciben las unidades logísticas en una plataforma preparada para el alistamiento, y en vez de ser almacenadas, se las prepara para ser enviadas desde allí lo más rápido posible. O sea que, la finalidad de este sistema es que la mercadería no forme stock ni se almacene.

Entre las características de este sistema está: el intercambio de información; la recepción de la mercancía y su posterior envío y un almacenaje inferior a las 24 horas.

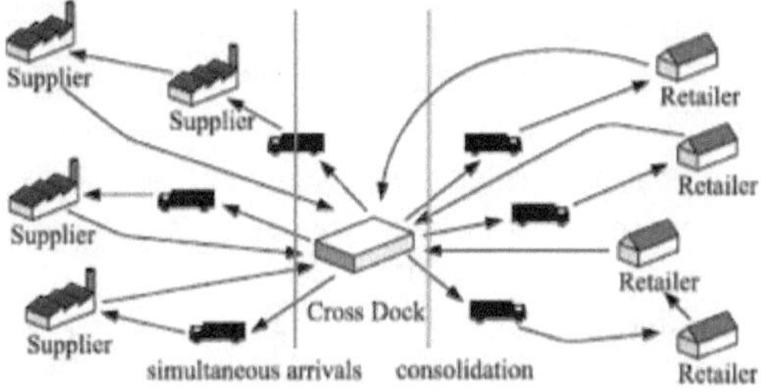

Existen dos tipos de cross docking:

*_El directo_ o también denominado predistribuido donde se reciben las cajas (o también llamadas unidades de carga específica) que ya están organizadas por el proveedor de acuerdo con el cliente final al que está destinada la unidad. Estas unidades se identifican, clasifican y se mueven hacia las dársenas de salida donde hay cajas parecidas de otros proveedores preparadas para su despacho. De este modo lo transportado sale con el mismo formato con el que llegó.

*_El indirecto o consolidado_. En este caso se reciben las unidades o cajas y se las envía a un área de acondicionamiento donde se organizan, fragmentándolas para ser enviadas a sus destinos respectivos.

De esta manera se entrega a diferentes clientes o también se le puede anexar otros productos al mismo despacho para un solo cliente.

Entre los beneficios de la aplicación de este sistema para las empresas, organizaciones o negocios que lo utilizan, se encuentran:

-reducen el espacio que necesitan para sus artículos.

-reducen o disminuyen considerablemente el almacenamiento y, por lo tanto, eliminan o bajan mucho sus costos.

-reducen los gastos de manipulación y distribución.

-se promociona la productividad.

-se incrementa la velocidad en que los productos llegan a los clientes o compradores.

-aumenta la vida útil de la mercadería.

-se reduce el deterioro de la mercadería por la rapidez del tránsito y por la escasa manipulación.

Ejemplos de uso y frases

"Para mejorar su cadena de distribución en rapidez la empresa ha decidido comenzar a utilizar el sistema de cross docking". Se refiere en este caso a una empresa que decide aplicarlo a sus productos.

"Garantizar un procedimiento efectivo de cross docking es la meta de la empresa." Aquí, se aplica como un objetivo a conseguir.

"Se ha conseguido que el producto llegue en mejores condiciones de embalaje, menor riesgo de roturas y menos manipulación gracias a la aplicación del cross docking". En este ejemplo, se usa con el sentido de algunos de sus beneficios.

El término *cross-docking* hace referencia a un tipo de preparación de pedidos en el que la mercancía se distribuye directamente al usuario sin pasar por un periodo de almacenamiento previo.

El *cross-docking* puede adaptarse a cualquiera mercancía: poco importa que sean materias primas, artículos terminados o componentes destinados a fábricas, tiendas físicas o clientes finales.

Siguiendo la estrategia de *cross-docking*, la mercancía permanece en el almacén por muy poco tiempo después de su recepción. Además, con esta metodología no se produce su colocación en las estanterías y, por ello, tampoco es necesario realizar el **proceso de picking**. Ahí se sitúa el origen del término en inglés, ya que la operación tan solo requiere atravesar los muelles del almacén (*cross the docks*). Veamos en detalle para qué sirve esta actividad logística y los tipos de *cross-docking* más usados.

¿Cómo funcionan las operaciones de *cross-docking*?

En una cadena de suministro tradicional, el almacén representa un eslabón clave que conecta a proveedores (oferta) con los consumidores (demanda). Este flujo es discontinuo, puesto que la oferta y la demanda no están sincronizadas y el nexo de unión descansa en la figura del almacén.

Ahí se guardan las mercancías hasta que se active la demanda. Sin embargo, el avance de los sistemas de información y softwares aplicados a la logística ha originado cadenas de suministro cada vez más ágiles e integradas.

En este contexto es donde se populariza el ***cross-docking***, puesto que para el éxito de esta metodología de trabajo es clave la coordinación perfecta de todos los implicados: proveedores, almacenistas, transportistas y usuarios finales.

Incluso dentro del propio almacén es necesario **contar con un sistema de gestión de almacenes** potente como herramienta imprescindible para responder con eficacia a las exigencias del *cross-docking*.

Fases del *cross-docking*

En general podemos concluir que las principales fases de la operación de *cross-docking* son:

1. Programación de la distribución por parte de los proveedores.
2. Recepción de la mercancía en almacén.
3. Registro y revisión de la carga recibida como parte del procedimiento de control de calidad.
4. Vuelta a embalar, consolidación de los pedidos (si es necesario) y expedición de la mercancía.

Tipos de *cross-docking*

La actividad de *cross-docking* se puede llevar a cabo con distintas unidades de carga (palets, cajas, kits...). Existen diferentes formas de organizar las tipologías de *cross-docking*, pero si atendemos a los pasos requeridos para realizarlo, podemos destacar:

1. *Cross-docking* predistribuido

El predistribuido representa el modelo de cross-docking más básico. En él, las unidades de carga ya son preparadas y organizadas por parte del proveedor teniendo en cuenta la demanda final. Por tanto, la operación de *cross-docking* se limita a recibir las mercancías y expedirlas sin mayor intervención de los trabajadores del almacén.

2. *Cross-docking* consolidado

En un esquema de *cross-docking* consolidado, las mercancías sí deben ser manipuladas para adaptarlas a los requerimientos del cliente final. Entonces, las unidades de carga recibidas son trasladadas a una zona de *cross-docking* o área de acondicionamiento donde se examinan y ajustan a los pedidos demandados.

Cuando hablamos de **Cross-docking** hacemos referencia a un tipo de preparación de pedidos en los cuales la mercancía es distribuida directamente al usuario, sin pasar por una previa temporada de almacenamiento. Este tipo preparación de pedidos destaca por su adaptación a cualquier de los escenarios sean tiendas físicas, fabricas, cliente final....

Según este tipo de estrategia de cross-docking, la mercancía permanecerá en el almacén durante un periodo muy corto hasta que se proceda a la recepción. De ahí su nombre, al no llegar colocarse en estanterías ni realizar el proceso de picking, sino que simplemente atraviesa los muelles (**Cross the docks; cruzar el muelle).**

En el lado de las debilidades cabe apuntar a:

Desbloqueo de la inversión como consecuencia del tipo de previsión.

Requiere la integración efectiva de toda la cadena de suministro, algo en lo que debe incurrir la empresa.

Requiere tiempo y dedicación. Se necesita que el equipo esté más pendiente y tenga un mayor control.

Se debe vigilar el embalaje. Dicho control también va dirigido a controlar el embalaje (packaging) de los envíos.

En definitiva, sabiendo que es cross docking, las ventajas llevan a pensar que estaríamos contando con un sistema innovador y adaptado al siglo XXI.

El 5G

A todo el mundo le gusta que internet vaya cada vez más y más rápido. Así que no es ninguna sorpresa ver a las principales compañías de telecomunicaciones del mundo trabajando en que así sea. Teléfonos, relojes, casas e incluso coches cada vez se conectan más y más internet, requiriendo una estabilidad constante.

Es posible que haya oído hablar del 5G, que significa *inalámbrico de quinta generación*. En una audiencia en el Senado de los EE. UU. en febrero de 2019, la industria inalámbrica se vio obligada a admitir que no tienen estudios de seguridad sobre el 5G, y no planean hacer ninguno. Mientras tanto, hay miles de estudios independientes que concluyen que la radiación inalámbrica causa daños biológicos.

A pesar de esto, la industria inalámbrica está trabajando con el gobierno para desplegar el 5G: es un experimento humano global con fines de lucro sin consentimiento.

¿Qué significa eso? Se agregarán millones de torres de celdas "pequeñas" a cada bloque (lo cual es un grave problema de privacidad). Cada torre emite radiación a niveles que se sabe que causan cáncer, esterilidad, daño al ADN y otros daños ... especialmente a nuestros niños, que están en mayor riesgo.

En el inalámbrico sistema del 5G la industria NO ha demostrado que sea seguro para su salud o privacidad; sin embargo, MILES de estudios independientes revisados por pares a esta fecha, muestran los riesgos que se presentan.

¡Conozca los peligros y encuentre soluciones en su comunidad! Es la frase que se usa para combatir este sistema que está por verse. Se cataloga este sistema inclusive, como la Ciencia sobre el **5G** y la radiación inalámbrica; del peligro del 5G a la salud infantil.

¿Qué es, exactamente, el 5G?

La "G" en 5G significa *"Generación"*. La tecnología inalámbrica para teléfonos técnicamente comenzó con el 1G y, al comienzo de los años 90, se expandió al 2G cuando las compañías comenzaron a a habilitar que la gente enviase SMS entre dos dispositivos.

Más adelante, el mundo conocería el 3G, que dio a las personas la capacidad de realizar llamadas, enviar mensajes de texto y navegar por internet. El 4G mejoró muchas de esas posibilidades que habilitó el 3G, pero a más velocidad.

Las compañías añadieron entonces el LTE (*Long Term Evolution*, evolución a largo plazo en español) a la tecnología 4G.

El LTE se convirtió en la modalidad de 4G más consistente y más rápida, compitiendo contra otras tecnologías como WiMax. La diferencia entre WiMax y LTE es similar a las diferencias entre BluRay y HD DVD: ambas tienen prestaciones similares, pero era importante crear un estándar que todo el mundo pudiese usar. Eso es lo que consiguió el LTE, y provocó además que la tecnología 4G fuese aun más rápida.

Los autos que se conducen solos, la realidad virtual, las ciudades inteligentes y los robots que trabajen en red: todos funcionarán con tecnología 5G muy pronto.

El 5G promete abrir la puerta a nuevos procedimientos quirúrgicos, medios de transporte más seguros y comunicación instantánea para los servicios de emergencia y socorro.

El 5G es el futuro en el presente. Hemos llegado a ello con el 5G. Esta tecnología dará paso a la cuarta revolución industrial gracias a saltos de innovación, que suponen una disrupción tecnológica total. Las conexiones 5G son 10 veces más rápidas (aunque en laboratorios se han alcanzado velocidades 250 veces superiores) que las 4G actuales.

Gracias a esa inmediatez se podrá ver contenidos con calidades inimaginables en realidad virtual o en la televisión en 8K.

En segundo lugar, esta tecnología multiplica por 100 el número de dispositivos conectados con el mismo número de antenas. Se resuelve así el problema de la cobertura en grandes aglomeraciones, como estadios de fútbol y conciertos.

Además, reduce también a una décima parte el consumo de batería de los dispositivos (alarmas, células o chips), lo que les da mucha más autonomía.

Dominar el 5G es dominar la inteligencia. Lo que no se sabe aun es qué impacto causará la nueva radiacción del 5G en el cuerpo huano. La velocidad del 5G es de 20 Gigabites por segundo; 2000%
más en cuanto a la velocidad se refiere.

Con esto, por ejemplo, podemos descargar una película de largo metraje en menos de 10 segundos.

No obstante, el mayor avance del 5G será la reducción de la latencia, el tiempo de respuesta que tarda un dispositivo en ejecutar una orden desde que se le manda la señal. Cuanto más baja, más rápida será la reacción del aparato que accionemos a distancia. El 5G reduce ese retardo a un milisegundo. Esa repuesta instantánea es la que permite que la conducción autónoma sea segura, pero también dirigir a distancia los sistemas de comunicación, seguridad o defensa. De ahí que el presidente de los Estados Unidos Mr. Donald Trump haya centrado toda su artillería en Huawei, porque domina la construcción de redes 5G.

Todo esto trae una gigante campaña publicitaria que veremos por todos los medios a nuestro alcance. (Fuente: *Huawei*)
Cuando éste impreso esté en sus manos, ya estará la Tecnología del 5G en funsión.
Nueva tecnología, nuevas técnicas de mercadeo.

Lo feo:
En 2017, médicos y científicos de todo el mundo solicitaron una moratoria al 5G. En 2018, de todos modos, se instaló el 5G en algunos vecindarios de Nueva York y los residentes y sus mascotas inmediatamente comenzaron a experimentar síntomas por la exposición. Algunos pusieron sus casas en venta por eso.
Las personas que se enferman del 5G no son exclusivas de ciertas ciudades. Los residentes de Suiza han expresado especialmente su oposición, especialmente después de haber estado expuestos a ella. Ahora el país ha dejado de usar todas las torres nuevas. Antes de todo, debemos tomar en cuenta que hay campañas de desinformación, especialmante de medios patrocimados por Rusia y otros países que tratan de dominar la era digital y objetivamente, las ideas de las personas.
En esencia, la inteligencia artificial es una máquina de aprendizaje que se adapta y corrige continuamente el curso a medida que encuentra nuevos datos. Esto requiere que los chips también sean adaptables. La programabilidad es particularmente importante en las aplicaciones porque los algoritmos y las redes neuronales están en constante evolución, mejorando, más rápido, más eficiente y más preciso día a día.
La reacción china a las restricciones de los Estados Unidos sobre la venta de componentes de vanguardia de las empresas chinas para el 5G y otras tecnologías de vanguardia ha sido predecible. El sector tecnológico de China, durante mucho tiempo rezagado en diseño y producción de chips, ha decidido que necesita comenzar a diseñar y fabricar sus chips. Esto significa otro mercado necesario para operar con la nueva tecnología.
Por ejemplo, *Huawei* ha sido durante mucho tiempo un consumidor multimillonario de chips estadounidenses de Qualcomm y otros, y está fabricando chips para sus redes de comunicación.

 Con la maduración de los roces diplomáticas Usa-China y los aliados de USA., las empresas canadienses de telecomunicaciones excluyeron a comienzos del segundo trimestre 2020, y en plena pandemia, a Huawei de la red 5G de próxima generación. Bell prefirió asociarse con la compañía ERICSSON de Suecia. El competidor de Bell, Telus, se agregó al rechazo de Huawei. Hay razones políticas, y como sabemos, la política domina el comercio. El avance de compañías fabricadoras de Chips de teléfonos, hacen a su vez, nuevas rutas de comercio que desvían los pedidos de Huawei para la fabricación de sus teléfonos. La fase de espionaje china en sus cauces tecnológicas del 5G, aún despierta temores.

Alibaba (la versión china de Amazon), el minorista líder en Internet de ese país y el segundo más grande del mundo, también está entrando en el negocio de los chips con un anuncio dramático en septiembre pasado sobre un nuevo chip. La competencia, como ven, siempre surge.
Eso es un poco más sorprendente. ¿Por qué un minorista de internet y una compañía de servicios al consumidor hacen sus propios chips?
Y Alibaba ni siquiera fue el primer gigante consumidor chino fuera de la puerta de silicio.

Baidu y Tencent también están haciendo chips personalizados para su propio uso. También lo son *Google y Facebook*.

La elección, incluso para una empresa de productos de consumo como Alibaba, es construir la tecnología adecuada o quedarse atrás en una competencia furiosa. Y cuando te enfrentas a Amazon, Tencent o Google, no se permiten resbalones.
Alibaba tiene una gran necesidad de soluciones de inteligencia artificial (IA) personalizadas para sus operaciones y más rápidas, mejores y más baratas que sus rivales.
En Canadá, varias personas prominentes, como el ex director del CSIS, *Richard Fadden*, han manifestado preocupaciones similares. El Sr. Fadden también escribió un artículo de opinión en el Globe and Mail El Departamento de Defensa pide a la FCC que rechace la licencia del 5G de la compañía debido a riesgos para la "seguridad nacional, el servicio civil y el beneficio económico de la nación."

El secretario de Defensa, Mark Esper, solicitó a la Comisión Federal de Comunicaciones (FCC, por sus siglas en inglés) que niegue la licencia de una compañía inalámbrica de Virginia para proporcionar un servicio de banda ancha móvil 5G por motivos de "seguridad nacional, servicio civil y beneficio económico de la nación".

"Esto podría tener un impacto negativo significativo en las operaciones militares, tanto en tiempos de paz como de guerra. "Por lo tanto, me opongo firmemente", dijo Esper, y agregó que el servicio propuesto tenía "el potencial de una interrupción y degradación generalizadas de los servicios de GPS" que dependen de las señales del espacio.

La carta de Esper fue publicada por el Pentágono, informa Bloomberg, y la FCC no está obligada por la recomendación.

Con respecto a la seguridad del 5G, debe tenerse en cuenta que, al igual que las tecnologías anteriores (3G y 4G), se espera un nivel de umbral para los efectos perjudiciales. Ya se han abordado las principales deficiencias de los informes que afirman que no existe un vínculo entre la exposición a RF-EMF y el cáncer cerebral.

Las estadísticas son sorprendentes: nos dicen que uno de cada dos hombres y una de cada tres mujeres contraerán cáncer en su vida.

La oposición mundial a 5G continúa aumentando.

También lo hacen las ordenanzas y resoluciones para controlar o reducir la instalación, así como las prohibiciones, demoras y moratorias. Desde 2018, ha habido informes de personas y animales que se enferman después de que se encendió.

Las telecomunicaciones continúan "desatando" de todos modos mientras nadie los detenga legalmente.

AT&T ahora tiene servicio 5G de banda baja en 90 nuevos mercados. Tienen planes de lanzar **5G AirGig**, y esta tecnología suena aún más aterradora.

AirGig es una nueva tecnología desarrollada por AT&T para transferir datos de Wi-Fi e inalámbricos a través de líneas eléctricas utilizando ondas 4G LTE y 5G milimétricas.

Hasta la fecha, AT&T ha presentado más de 500 patentes y aplicaciones relacionadas con la tecnología AirGig, que convierte las líneas eléctricas existentes en transmisores. Según los brillantes comunicados de prensa de AT&T, AirGig podría incluso reemplazar las torres de celdas: "esperamos que algún día no haya necesidad de construir nuevas torres o enterrar nuevos cables en lugares cercanos a las líneas eléctricas aéreas.

En cambio, utilizando la tecnología patentada de AirGig, instalaríamos dispositivos para proporcionar banda ancha de alta velocidad que los trabajadores eléctricos capacitados pueden sujetar en solo unos minutos."

La tecnología AirGig tiene como objetivo proporcionar Wi-Fi de banda ancha "ultrarrápida" en cualquier lugar donde haya líneas eléctricas, ofreciendo "conectividad inalámbrica de última milla" sin la necesidad de implementar ninguna nueva fibra en el hogar.

Como sugiere la "última milla", AT&T está enmarcando su tecnología AirGig como una solución para extender el acceso inalámbrico a prácticamente todos en el planeta.

La compañía escribe: *Project AirGig* ha abierto la puerta a la posibilidad de conectividad a Internet de banda ancha para casi todos los que actualmente reciben servicio de una empresa de servicios eléctricos. Es la primera tecnología de su tipo que se espera que brinde conectividad de banda ancha a hogares y dispositivos móviles donde haya líneas eléctricas, ya sea en zonas urbanas, rurales o desatendidas del mundo.

Lo que AT&T no explica en sus brillantes comunicaciones es que AirGig hará que sea imposible escapar de la exposición a la radiación inalámbrica, incluso en nuestros hogares. AirGig saturará nuestro entorno, cada centímetro, con radiación de proximidad y de alta intensidad.

Las pocas áreas relativamente más seguras que aún existen desaparecerán rápidamente. No solo aquellos que ya se han enfermado por la radiación inalámbrica no tendrán a dónde escapar, sino que muchos más probablemente experimentarán impactos inmediatos en la salud.

"Admitió que nadie ha analizado los efectos de las ciudades inteligentes en la salud, y agregó que" no es su trabajo "hacerlo.

Pruebas de AirGig ya en curso

En la actualidad, el despliegue de 5G promete interconectar 20 mil millones de dispositivos de forma inalámbrica, agregando 800,000 "celdas pequeñas" (estaciones base) cerca de nuestros hogares y lanzando 50,000 satélites que también requerirán 1,000,000 de antenas en tierra.

AirGig y 5G

AirGig formará parte de la infraestructura inalámbrica más amplia de AT&T, particularmente en relación con 5G. La compañía declaró en 2018: "Creemos que Project AirGig y 5G tienen muchas sinergias naturales, y planeamos probar 5G junto con AirGig en el futuro". En 2019, un vicepresidente de AT&T confirmó la visión de la compañía de AirGig como "una tecnología muy complementaria a 5G". Las declaraciones anteriores de AT&T indican que la compañía quiere evolucionar toda su red para admitir el servicio gigabit; anticipa llegar usando una "mezcla de opciones": AirGig en algunos casos y 5G o "G. fast" en otros casos.

Demanda de FCC de Defensa de la Salud Infantil

El despliegue de tecnologías inalámbricas peligrosas como AirGig está permitido sin nuestro consentimiento e incluso lo notamos porque la radiación dañina emitida está dentro de las pautas de salud y seguridad de la Comisión Federal de Comunicaciones (FCC) de 1996. Estas pautas son al menos tres décadas obsoletas, incluso El Departamento del Interior de EE. UU. ha admitido.

5G amenaza la salud biológica, ciberseguridad, salud ambiental, privacidad, seguridad y más. Las organizaciones han proporcionado recursos actualizados para los estadounidenses que luchan contra 5G en sus comunidades.

La "Carrera por 5G" se ha vuelto tan controvertida que ha sido objeto de las tiras cómicas de Dilbert. Ciudades Y países enteros han tomado medidas
para prohibir, retrasar, detener y limitar la instalación, ASÍ COMO emitir moratorias. La oposición estadounidense es más que riesgos biológicos y ambientales. Las agencias federales y otros expertos advierten que puede amenazar la seguridad nacional, la seguridad pública y la precisión del pronóstico del tiempo. Los críticos también advierten que creará una pérdida masiva de empleos y eliminará el derecho de los estadounidenses a la privacidad. Otras desventajas: 5G es un vampiro de energía Y puede hacer que las estaciones base se sobrecalienten.

Además de presentar demandas, los gobiernos municipales han aprobado resoluciones para prohibir el despliegue hasta que los estudios prueben que es seguro y ordenanzas para limitar
y/o controlar la instalación. Los representantes estatales en Hawái e Illinois han presentado proyectos de ley 5G para proteger a los electores. Los miembros del Congreso también se han enfrentado a la agencia con respecto a la seguridad o la falta de ella.

Desde 2018, las personas y los animales han experimentado síntomas y enfermedades después de la instalación de 5G. Por supuesto, la exposición a otras fuentes de radiación inalámbrica también puede causar síntomas y enfermedades. En 1999, la Organización Mundial de la Salud advirtió que los altos niveles de campos electromagnéticos (también conocidos como "Electrosmog"), incluida la radiación inalámbrica, podrían provocar problemas de salud en el 30% de la población.

A medida que aumenta la oposición estadounidense y mundial, se vuelve más obvio que ganar la "Carrera por 5G" no hará que Estados Unidos sea grande.

Ciudades Y países enteros han tomado medidas para prohibir, retrasar, detener y limitar la instalación de 5G, así como emitir moratorias en la implementación.

La mayoría de los científicos de todo el mundo se oponen al 5G hasta que haya estudios que demuestren que es seguro. Los médicos y científicos han pedido moratorias en la Tierra y en el espacio.

43 organizaciones enviaron una carta conjunta a la Comisión Europea pidiéndoles que detuvieran el despliegue de 5G y ofrecieran tecnología más segura. El año pasado, la Organización Mundial de la Salud advirtió que los altos niveles de campos electromagnéticos (también conocidos como "Electrosmog") podrían causar problemas de salud en un porcentaje significativo de la población.

La organización Stop 5G International está pidiendo a la ONU que intervenga.

Esta carta abierta al Alto Comisionado de las Naciones Unidas para los Derechos Humanos cubre una amplia gama de temas y puede resultar útil para informar a los funcionarios públicos sobre los numerosos daños que, en gran parte, no se han abordado con la 5G.

La carta presenta las muchas y multifacéticas razones del aumento de la resistencia a 5G en todo el mundo. Estos incluyen impactos en la salud, la vida silvestre, la privacidad, la auto-soberanía, la seguridad cibernética, la huella electrónica del consumo de energía y los desechos electrónicos, minerales conflictivos, sensibilidad electromagnética, duras condiciones laborales, efectos psicosociales, subsidios públicos no cuantificados y responsabilidad.

Los problemas de los satélites incluyen un mayor peligro para la seguridad global, interferencia con la predicción del clima y la investigación astronómica, desechos espaciales y posibles colisiones, agotamiento de la capa de ozono, pérdida del disfrute de los cielos nocturnos, interferencia con la navegación y orientación de la vida silvestre, peligros planteados por las erupciones solares, cada vez más emisiones de radiación, y los efectos aún no estudiados sobre la vida planetaria.

Todo ello con el telón de fondo de ninguna consulta pública ni consentimiento.

La carta también explica que no toda la tecnología es igual. Si bien la industria de las telecomunicaciones está promoviendo la tecnología 5G para "salvar la brecha digital", las conexiones por cable serían muy superiores ya que son más seguras, más rápidas, más confiables, eficientes energéticamente y ciberseguras que las inalámbricas.

Además, un futuro tecnológico principalmente cableado no solo preserva mejor la salud pública y la privacidad, sino que también aborda otras violaciones de derechos humanos y problemas ambientales provocados por 5G. Wired no se presta a conectar cada "cosa", momento en el tiempo y punto en el espacio a Internet, lo que reduce automáticamente los desechos electrónicos, la adicción a la tecnología, la recolección de datos, el seguimiento, la exposición obligatoria a la radiación inalámbrica, los refugiados EMF, la propiedad la devaluación y la "necesidad" de satélites.

La carta pide defensa, educación, regulación y menos radiación. Un movimiento hacia la tecnología cableada para todos como un derecho humano fundamental en el mundo actual.

Educación pública sobre tecnología, incluida la divulgación completa de los costos para la salud y el medio ambiente de un mundo hiperconectado y predominantemente inalámbrico, y los beneficios de opciones con cables más seguros.

Una mayor regulación de la industria sobre la ubicación de la infraestructura inalámbrica y su uso solo cuando se considere un "servicio esencial" que no sea posible con conexiones por cable.

La oposición estadounidense a la 5G continúa aumentando por una variedad de razones además de los riesgos biológicos y ambientales. De hecho, las agencias federales y los expertos confiables advierten que el 5G amenazará los trabajos, la seguridad nacional, la seguridad pública y la precisión de las predicciones meteorológicas.

La implementación se ha prohibido, retrasado y detenido en todo el mundo debido a graves riesgos para la salud y la seguridad. Sin embargo, en agosto (2020), el presidente Trump reintrodujo su propuesta de tener un plan nacional 5G y el Departamento de Defensa (DoD) parece querer estar a cargo con la asistencia de Google.

Algunas organizaciones no están contentas con esto porque viola los principios del libre mercado. Aparentemente, algunos legisladores tampoco están contentos con esto.

Por otra parte, e está gestando una batalla por Internet espacial en Alaska mientras las empresas luchan por el derecho a ofrecer banda ancha satelital, en parte para cerrar la brecha digital entre pueblos y ciudades.

Starlink, una subsidiaria de *SpaceX* de Elon Musk, está permitiendo que los habitantes de Alaska se suscriban a un servicio de Internet satelital económico que tiene como objetivo entregar el próximo año 2022.

Los habitantes de las zonas rurales de Alaska que pagan 99 dólares para hacer cola dicen que el servicio de banda ancha será revolucionario y reemplazará el lento y torpe Internet que ahora reciben, con sus altísimos costos.

Pero Starlink tiene competidores, y las empresas involucradas en esfuerzos similares, incluido *Pacific Dataport*, con sede en Alaska, argumentan que los planes de Starlink para el Ártico pueden no suceder de manera segura, si es que lo hacen alguna vez.

Starlink, Kuiper Systems de Amazon y OneWeb, propiedad en parte del gobierno del Reino Unido y que trabaja con Pacific Dataport, son solo tres de los proyectos que esperan desplegar ejércitos de pequeños satélites que giran alrededor del mundo en órbitas bajas, enviando internet a la Tierra.

OneWeb, Kuiper Systems y otros competidores de Starlink le han dicho a la Comisión Federal de Comunicaciones que los planes de Starlink podrían ser potencialmente inseguros y causar colisiones que amenacen a otros satélites con impactos de desechos espaciales.

¿Qué es el Comercio Internacional?

El *comercio internacional* hace referencia al movimiento que tienen los bienes y servicios a través de los distintos países y sus mercados. Se realiza utilizando divisas y está sujeto a regulaciones adicionales que establecen los participantes en el intercambio y los gobiernos de sus países de origen.

Al realizar operaciones comerciales internacionales, los países involucrados se benefician mutuamente al posicionar mejor sus productos, e ingresar a mercados extranjeros.

¿Cuál es la diferencia entre comercio exterior y comercio internacional?

El comercio internacional incorpora las *transacciones globales de los productos*. Un ejemplo de ello es el precio del petróleo, que está sujeto a un cambio en su precio en razón del comercio internacional. De manera que el petróleo se ve afectado por los sucesos económicos y comerciales del mundo.

Mientras que, en el **comercio exterior**, es un país en específico o un bloque comercial el que establece relaciones de intercambio comercial con el resto del mundo. Por ejemplo, el comercio exterior mexicano se compone de los actores, instituciones, sectores que participan en la **exportación e importación** desde una perspectiva mexicana.

El comercio internacional cuenta con numerosos beneficios. Entre otros muchos, facilita el intercambio de tanto servicios como bienes para el consumo que necesitan los ciudadanos. Se trata de una estupenda fórmula para contribuir a generar riqueza en un país.

En ocasiones, producir un determinado producto puede tener un costo de producción demasiado elevado en algún país. El comercio exterior evita este tipo de situaciones, porque facilita la importación de forma económica de determinados bienes para el consumo a precios inferiores. Por estas razones se elaboran los Tratados de Libre Comercio entre países, formando acuerdos binacionales y multinacionales.

En Canadá, tradicionalmente, se ha contado con los acuerdos de comercio entre México, Estados Unidos y Canadá, conocido como *"The three amigos"*.

El comercio internacional permite una mayor movilidad de los factores de producción entre países, dejando como consecuencia las siguientes ventajas:

Cada país se especializa en aquellos productos donde tienen una mayor eficiencia lo cual le permite utilizar mejor sus recursos productivos y elevar el nivel de vida de sus trabajadores.

Los precios tienden a ser más estables.
Hace posible que un país importe aquellos bienes cuya producción interna no es suficiente y no sean producidos.
Hace posible la oferta de productos que exceden el consumo a otros países, en otros mercados. (Exportaciones)
Equilibrio entre la escasez y el exceso.
Los movimientos de entrada y salida de mercancías dan paso a la balanza en el mercado internacional.
Por medio de la balanza de pago se informa que tipos de transacciones internacionales han llevado a cabo los residentes de una nación en un período dado.

Investigación de Mercados

La diferencia entre el éxito o el fracaso de un proyecto radica principalmente en allegarse de toda la información disponible de forma veraz y oportuna. El propósito de una investigación de mercado es resolver un problema o aprovechar una oportunidad. La investigación es la recopilación y el análisis de datos relevantes.

El éxito se consigue a través de planes perfectamente establecidos y correctamente comunicados.

La gran mayoría de los problemas pueden ser anticipados y las oportunidades aprovechadas cuando se han elaborado planes estratégicos.

La investigación de mercados es el proceso que comprende las acciones de identificación, recopilación, análisis y difusión de información con el propósito de mejorar la toma de decisiones de marketing. Su implementación se produce, básicamente, por dos razones: (1) para resolver problemas, por ejemplo, determinar el potencial de un mercado; y/o (2) para identificar problemas, por ejemplo, para conocer por qué un producto no tiene el consumo esperado. En esencia se busca conocer al cliente cumpliendo así con la primera premisa del marketing.

Etapas del Proceso deInvestigación.
Establecer la necesidad de información
Especificar los objetivos de investigación y las necesidades de información
Determinar las fuentes de datos
Desarrollar las formas para recopilar los datos
Diseñar la muestra. Recopilar los datos. Procesar los datos
Analizar los datos. Presentar los resultados de la investigación.

Encuestas vía Internet

Hoy día, la Internet y los medios electrónicos están premiando a todos los niveles de la sociedad, pero para tener los resultados esperados es necesario tener un amplio conocimiento técnico. La investigación de mercados es realmente útil si ayuda a tomar mejores decisiones y aporta información precisa y relevante para la identificación de oportunidades o solución de problemas de mercadotecnia.

Según definición de la *American Marketing Association*, es la recopilación, el registro y el análisis sistemático de los datos con respecto a un mercado en particular, donde mercado se refiere a un grupo de clientes específico en un área geográfica específica.

En general se puede decir que hay dos razones u objetivos para implementar una investigación de mercados: (1) generar la información para tener mayor éxito con el marketing de un producto o servicio; y (2) generar las alertas del caso para evitar el fracaso al mercadearlo.

Las dos se podrían resumir en una: reducir la incertidumbre para la toma de decisiones.

En este aspecto es donde se hace la crítica más álgida, ya que algunos teóricos y personajes empresariales tan relevantes como Steve Jobs y Henry Ford, se manifestaron en desacuerdo con la investigación de mercados por considerarla inútil debido a su convencimiento en que el consumidor no sabe lo que quiere hasta que lo ve o lo tiene en sus manos.

¿Quién puede estar en contra de tareas tan obvias como escuchar al cliente, conocer sus expectativas o analizar los comportamientos del mercado?

Steve Jobs, quien además lo reiteraba subrayando:

"Escuchar a los clientes es aceptable para impulsar la innovación gradual, pero difícilmente genera adelantos sin precedentes".

El día del lanzamiento del Macintosh, un periodista de Popular Science le preguntó: ¿Qué investigación de mercado has hecho? *Y Jobs le contestó: "¿Ninguna, acaso Alexander Graham Bell realizó alguna antes de inventar el teléfono?"* Al interior de la empresa había la firme convicción de que productos tan maravillosos como el iPad jamás habrían podido desarrollarse basado en simples conversaciones con el cliente, porque él no tiene noción de lo que puede ser capaz de hacer la tecnología. Aquí sí que es cierta la máxima de la innovación: "La mejor forma de predecir el futuro es inventarlo".
Otro genio de la empresa, Henry Ford, aparentemente pensaba en forma similar cuando, en 1913, aseveró: *"Si yo les pregunto a los clientes qué es lo que quieren, me responden: 'un caballo más veloz'".*
Una investigación de mercados te ayuda a conocer las intenciones de compra de los consumidores, o te da retroalimentación acerca del crecimiento del mercado al que perteneces.
Puedes descubrir también información valiosa que te sirva para estimar los precios de tu producto o servicio y encontrar un punto de equilibrio que te beneficie a ti y a los consumidores.
La investigación de mercados es una técnica que sirve para recopilar datos de cualquier aspecto que se deseen conocer para después poder interpretarlos y al final hacer uso de ellos para una correcta toma de decisiones.
Otra definición más específica puede ser la siguiente:
La investigación de mercados es el proceso mediante el cual las empresas buscan recopilar información de manera sistemática para poder tomar mejores decisiones, pero su verdadero valor reside en la manera en que se usa todos los datos obtenidos para poder lograr un mejor conocimiento del consumidor.

¿Qué tienen en común estas definiciones? Que recolectamos datos y los usamos para un propósito bien definido. La industria está cambiando, los consumidores tienen nuevos hábitos de consumo, otras necesidades o preferencias. ¿Qué circunstancias los lleva a actuar de tal o cual manera, qué determina que elijan un producto u otro? La investigación de mercados nos indica hacia donde enfocar nuestros esfuerzos y recursos.

Para hacer esta investigación se recurre a métodos estadísticos y analíticos y de diversas técnicas para obtener los datos o información que necesitemos. Los informes realizados luego de realizar dicha investigación nos dan las bases para actuar a favor del cliente y tener éxito en la compañía, también para definir, por ejemplo, campañas de publicidad y marketing, lanzar nuevos productos, etc. Aquí más detalles de El verdadero valor de la investigación de mercados.

Ventajas de las encuestas como herramienta para la investigación de mercados

La investigación de mercados posee muchas ventajas si se realiza de una manera adecuada, para llevar a cabo esto es necesario recurrir a diversas herramientas para recolectar información y hacer posible la comprensión de los resultados, una de las más utilizadas son las encuestas online ya que presentan ventajas como la capacidad de solicitar información más completa debido a los múltiples formatos que soporta y además de ser más económicas en comparación a las encuestas tradicionales u otros sistemas de recolección.

Beneficios de una buena investigación de mercados:

Se tiene más y mejor información para poder tomar decisiones acertadas que fomenten el crecimiento de la empresa y la haga más eficiente.

Proporciona información real y precisa que ayuda a resolver problemas futuros que se puedan presentar.

Conocerás el tamaño del mercado que se ha de cubrir en caso de vender algún producto o servicio.

Determina el sistema de ventas correcto de acuerdo con lo que el mercado está pidiendo, y así la comercialización se da con mayor eficacia.

Ayuda a saber cómo cambian las preferencias (y los gustos) de los clientes para que la empresa pueda satisfacer preferencias, hábitos de compra y nivel de ingreso.

Además de generar información que nos ayuda a saber cómo nos perciben los consumidores.

Podrás determinar el tipo de producto que debe fabricarse o venderse con base en las necesidades específicas por los consumidores.

Sirve de guía para la comunicación con los clientes actuales y los potenciales.

La investigación de mercados ayuda a conocer las tendencias del mercado, de ahí de llevarla a cabo con frecuencia para conocer a fondo a los clientes.

Es una gran inversión para cualquier negocio, ya que gracias a ella se obtiene información invaluable, nos muestra el camino a seguir para tomar el camino correcto y lograr las ventas que se requieren.

Al investigar adecuadamente el mercado, sin duda estaremos dando un paso adelante, y por ende le estaremos llevando ventaja a nuestros competidores.

Tipos de datos y fuentes

Hay dos fuentes de datos disponibles: secundaria y primaria. Los datos secundarios son información que ya se ha recopilado para algún otro propósito. Puede ser interno (dentro de la empresa) o externo (fuera de la empresa). Los registros y las cuentas de ventas propias de una empresa son excelentes fuentes de datos internos y secundarios. Las cifras del censo del gobierno proporcionan datos secundarios externos. Una desventaja de los datos secundarios es que pueden no ser relevantes. Solo cuentan lo que sucedió en el pasado. Y pueden estar desactualizados.

La investigación secundaria puede indicar tendencias de ventas en una categoría de producto. Puede decir cuántas personas han comprado un producto. Pero no puede explicar por qué lo compraron.

Los datos primarios se recopilan por primera vez para un estudio de investigación de mercado específico. Hay dos tipos de investigación primaria: cualitativa (exploratoria o subjetiva) y cuantitativa (concluyente u objetiva).

El propósito de la investigación cualitativa es obtener un sentimiento general sobre el mercado, el consumidor o el producto. No es para llegar a conclusiones específicas. Un ejemplo de investigación cualitativa es la entrevista en profundidad, en la que se interroga extensamente a un cliente.

Los datos primarios cuantitativos se recopilan por tres métodos: experimento, observación y encuesta. La encuesta al consumidor es, con mucho, el método más común utilizado en la planificación de una campaña publicitaria.

Se realiza un muestreo amplio de la población, por correo, teléfono o entrevista personal. La encuesta generalmente ayudará a determinar cuál es la audiencia probable para ella.

La investigación cuantitativa apunta a conclusiones definitivas. Muchos investigadores potenciales no están seguros de dónde pueden obtener datos para comenzar su investigación y análisis. Primero debemos dividir los diferentes tipos de datos en dos clasificaciones principales.

Información primaria

Cuando alguien se refiere a "datos primarios" se refiere a datos recopilados por el propio investigador. Estos son datos que nunca se han recopilado antes, ya sea de una manera particular o en un período de tiempo determinado.

Los investigadores tienden a recopilar este tipo de datos cuando lo que quieren no se puede encontrar en fuentes externas. Puede adaptar sus preguntas y recopilación de datos para satisfacer las necesidades de sus preguntas de investigación. Esta puede ser una tarea extremadamente costosa y, si se asocia con una universidad o instituto, requiere permiso y autorización para recopilar dicha información. Las cuestiones de consentimiento y confidencialidad son de suma importancia. Los datos primarios siguen detrás de los datos secundarios porque debe usar la información y los datos actuales antes de recopilar más para que pueda estar informado sobre lo que ya se ha descubierto sobre un tema de investigación en particular.

Datos secundarios

Si el tiempo o la molestia de recopilar sus propios datos es demasiado, o la recopilación de datos ya se ha realizado, los datos secundarios pueden ser más apropiados para su investigación.

Este tipo de datos generalmente proviene de otros estudios realizados por otras instituciones u organizaciones. No hay menos validez con los datos secundarios, pero debe estar bien informado acerca de cómo se recopiló. Hay una serie de servicios gratuitos en línea.

Fuentes de datos

Muchas fuentes de datos también están señaladas con *Hyperlink* para hacer un clic y pasar a la fuente de datos. Muchas Universidades lo ofrecen.

Se ocupan mucho en datos políticos para campañas políticas o elecciones. Por ejemplo, la Universidad de Michigan te puede proporcionar más de 500,000 archivos de datos relacionados con los campos de las ciencias sociales, incluida la educación, el envejecimiento, la justicia penal, el abuso de sustancias y el terrorismo.

El Instituto de Ciencias Sociales Cuantitativas (IQSS Dataverse Network)

Un servicio de código abierto, esta red "dataverse" es proporcionada por el Instituto de Ciencias Sociales Cuantitativas (IQSS) de la Universidad de Harvard con más de 300 "dataverses" y casi 650,000 archivos de datos disponibles para descargar. Oficina del Censo de los Estados Unidos (DataFerrett) Proporcionados en nombre de la Oficina del Censo de los Estados Unidos, los usuarios pueden descargar datos de docenas de encuestas gubernamentales, incluida la Encuesta de la Comunidad Americana (ACS), el Censo Decenal de la Población y la Vivienda (1990 y 2000 disponibles), la Encuesta Nacional de Examen de Salud y Nutrición

(NHANES), y la Encuesta de Ingresos y Participación en Programas (SIPP). Los bloqueadores de elementos emergentes deben estar desactivados para ejecutar la aplicación DataFerrett.

Encuesta social general (GSS)

Desde su sitio web: "El GSS contiene un 'núcleo' estándar de preguntas demográficas, de comportamiento y de actitud, además de temas de especial interés. Muchas de las preguntas básicas han permanecido sin cambios desde 1972 para facilitar los estudios de tendencias temporales, así como la replicación de versiones anteriores. Hallazgos. El GSS toma el pulso de Estados Unidos y es un recurso único y valioso. Ha rastreado las opiniones de los estadounidenses durante las últimas cuatro décadas".

De esta forma, los gobiernos ofrecen datos en las organizaciones públicas de Censos, salarios, datos interprovinciales, poblacionales, etc.

Serie integrada de microdatos de uso público (IPUMS)

De Wikipedia: "La serie integrada de microdatos de uso público (IPUMS) es la base de datos de población a nivel individual más grande del mundo. IPUMS consiste en muestras de microdatos de Estados Unidos (IPUMS-EE. UU.) E internacionales (IPUMS-Internacional) registros del censo. Los registros se convierten en un formato coherente y se pone a disposición de los investigadores a través de un sistema de difusión de datos basado en la Web. Las bases de datos adicionales de la familia IPUMS incluyen: el Proyecto de Población del Atlántico Norte, el Sistema de Información Geográfica Histórica Nacional, la Serie de Entrevistas de Salud Integradas (IHIS) y la Serie de microdatos de uso público: Encuesta de población actual (IPUMS-CPS) ".

Archivo de datos en línea simple para estudios de población (SodaPop)

Desde su sitio web: "SodaPop pone a disposición de la comunidad de investigadores la mayor cantidad de datos posible. La mayoría de las colecciones de datos están disponibles públicamente.

Estrategia y táctica del marketing

¿Qué es una estrategia?

Una estrategia se define como un conjunto de acciones aplicadas con el fin de desarrollar un plan previamente establecido para conseguir un objetivo. Por ejemplo, el objetivo es lograr que la empresa incremente sus ventas en un 20% para la temporada de fin de año, y para lograrlo hay que seguir una estrategia, que será ese conjunto de decisiones y acciones que permitirán finalmente lograr ese objetivo.
Si recurrimos a la definición que de la estrategia hace la real academia de la lengua española tenemos que estrategia es: *la forma resumida de decir que la estrategia es el camino proyectado para conseguir un fin.*

Definición de táctica

Según la real academia de la lengua española, la táctica es el *"Método o sistema para ejecutar o conseguir algo."*, es decir, la forma en que se va a desarrollar o ejecutar un algo para conseguir un fin, u objetivo.
La táctica tiene más que ver con la forma y con el método de hacer las cosas, y aplica para tareas concretas, cosas puntuales que hacen parte del conjunto de acciones que se requieren para alcanzar el fin propuesto.
Los negocios o empresas contratan a personas especialistas en esta materia. Para ejemplificar las diferencias diremos que, si se trata de una guerra, la estrategia es la forma en que vamos a entrar al ataque y la táctica es qué armas vamos a usar.

La táctica es la acción concreta y puntual que se sigue para alcanzar el objetivo siguiendo la estrategia previamente diseñada, así que procedemos a determinar las acciones concretas a seguir para seguir la estrategia y cumplir con el objetivo.

Algunos ejemplos de estrategias de marketing son:

Estrategias de precio: en este caso se hace referencia al valor pecuniario o monetario que poseen los productos ofrecidos. Algunos casos concretos de estrategia son:

Cuando un producto es lanzado al mercado pueden aprovechar ganancias de los precios altos ya que muchas compras son hechas por curiosidad.

Cuando se lanza un producto hacerlo con precios muy bajos con el fin de ingresar en el mercado de manera rápida y poder ser conocidos.

Marcar a los productos con un valor monetario menor al de la competencia con el fin de ganarle lugar en el mercado.

Disminuir los precios del producto con el fin de atraer nuevos consumidores.

Estrategias de comunicación: estas son también denominadas estrategias de promoción. El fin que se persigue con estas acciones es dar a conocer o aludir a productos, informar sobre sus características o beneficios, etc. Algunos ejemplos puntuales de estrategias de comunicación son:

Entrega de vales o cupones que ofrezcan descuentos.

La creación de ofertas, como el regalo de un producto con la compra de dos anteriores, o descuento en la compra de un producto llevando otro igual, etc.

Realizar descuentos por ejemplo por fin de temporada o con la compra superior a un cierto valor.

La entrega de beneficios o regalos con la compra de ciertos productos.

La colocación de anuncios publicitarios en medios masivos de comunicación, como diarios, televisión, internet, revistas o diarios.

Actuar como auspiciante de distintas actividades, emprendimientos etc.

La creación de concursos entre los compradores de determinados productos.

La creación de panfletos o folletos, sean los mismos sobre un soporte de papel o virtual.

La participación en actividades específicas del rubro, como convenciones, ferias etc.

La creación de eventos con el fin de promover el producto, como por ejemplo un desfile de moda.

La colocación de anuncios publicitarios en distintos lugares, como vehículos, espacios públicos, entre otros.

Estrategias en relación directa al producto: cuando se habla del producto se hace referencia ya sea el servicio o al bien que se ofrece. Algunos ejemplos de estrategias de este tipo son:

El lanzamiento de una nueva línea de producto que se relacione con el anterior. Por ejemplo, si se produce leche podría ser una buena estrategia la producción de variedades de quesos.

Cambiar la imagen del producto, por ejemplo, un envoltorio distinto, la elección de otros colores o distribución de los mismos.

El lanzamiento de una marca nueva, sin retirar la anterior del mercado, por ejemplo, destinada a un sector económico con un poder adquisitivo mayor.

Incorporar nuevas características al producto, como nuevas funciones o usos.

Adicionar servicios con el fin de satisfacer al cliente, como la entrega a domicilio o facilidades a la hora de abonar el producto, etc.

Estrategias de distribución: también conocidos bajo el nombre de estrategias de plaza. En este caso se hace referencia a aquellos lugares o espacios donde se ofrecerán los productos o realizarán las ventas. Asimismo, se incluye el trasporte de los productos hasta el destino estipulado.

Contratar vendedores intermedios para alcanzar una cobertura mayor de los productos.

Realizar estrategias intensivas de distribución, es decir que el producto pueda ser vendido en cualquier punto de venta.

Realizar estrategias selectivas, para ello se necesita realizar un estudio de mercado para determinar en qué puntos es conveniente realizar determinadas ventas.

Los productos pueden ser ofrecidos por medio de llamadas, visitas a domicilio, por medio de puntos de venta de internet, envíos a domicilio, etc.

Realizar estrategias de exclusividad, es decir que el producto solo se encuentre en un determinado punto de venta.

El Marketing en tiempos del Covid-19

Surge un virus. Se transforma en epidemia y en pocos días se hace pandemia. La evolución de la crisis económica es clara. A partir de mediados de marzo, cuando se decreta el estado de alarma, cae toda actividad no esencial; se decreta el confinamiento, empiezan las restricciones, el consumo/inversión de ciertos bienes y servicios se desploma. La duda radica en hasta dónde alcanzará la bofetada sobre las familias y las empresas, teniendo en cuenta que el crédito avalado por el Estado para las compañías no está fluyendo a buen ritmo y que las prestaciones cual tortuga, mientras la crisis lo hace como una liebre.

En función de si puedes continuar con tu actividad desde casa,

tendrás una mayor o menor incidencia. Por ejemplo, no es lo mismo un comercio de barrio que se vio obligado a cerrar, sin opción de venta online, que una entidad bancaria, cuyos empleados de oficina pueden trabajar en remoto sin problemas. Aquí los servicios de cara al público presencialmente serán de los más damnificados. Es lo que estamos viviendo en este año 2020 que vino a transformar todo el mundo.

Cambió los sistemas de vida cotidiana y también los sistemas de marketing. Cambió la conducta personal del consumidor y de la economía global. Un turismo atrapado entre el Covid-19 y la recesión.

Y como suceden con estos cambios súbitos, inesperados y sorpresivos; empresas cierran operaciones, empresas desaparecen, empresas resurgen. Se inicia un nuevo marketing que da más oportunidades a empresas bien establecidas, **Amazon** entre ellas.

El panorama de marketing de Amazon cambia constantemente: mantiene la visión general de la estrategia de marketing continuamente actualizada.

Amazon está ampliando constantemente su liderazgo en el comercio electrónico. Cada vez más fabricantes y vendedores ofrecen sus productos a través de Amazon para beneficiarse de este vasto potencial de ventas. La creciente competencia obliga a los vendedores a involucrarse más intensamente con los canales de comercialización de Amazon.

La firma, con sede en Seattle (estado de Washington, EEUU) reveló agresividad en el marketing desde inicios de la pandemia. Desde que numerosos Gobiernos y entes locales de todo el mundo empezaron a decretar órdenes de confinamiento para hacer frente a la pandemia del coronavirus, el comercio por internet se ha disparado, y Amazon, líder destacado del sector, ha sido una de las firmas más beneficiadas.

Los costos administrativos también se incrementaron en dicha ya que destinó una partida extra de 500 millones de dólares para pagar a los nuevos empleados y hacer frente a los incrementos salariales del conjunto de la plantilla.

Efectos de la pandemia: Amazon rediseña su web para que compres menos. La enorme red logística se satura de pedidos y enfocó su estrategia para priorizar la demanda de productos esenciales.

Los ejecutivos de la compañía tomaron decisiones para tratar de que los clientes solo compren productos esenciales para pasar el confinamiento en casa, en vez de lanzarse compulsivamente a adquirir otros artículos, explican esas mismas fuentes.

La red ha ido balanceándose en sus tiempos de entrega, punto crítico para la empresa.

Internamente, Amazon formó un equipo compuesto por ejecutivos *sénior* que se encargan de decidir cómo y cuándo se puede volver a la normalidad. Los ejecutivos de la compañía no esperan que estos cambios vayan a ser permanentes.

Antes de la crisis, Amazon concentraba un tercio de todas las ventas 'online' en Estados Unidos. Ahora, con la mayoría de los ciudadanos estadounidenses en sus casas, la compañía se ha encontrado en la posición de que quiere reducir las visitas a su web y la carga de pedidos.

Mientras el volumen de pedidos en categorías esenciales ha subido, la capacidad logística de la compañía se ha encontrado con el desafío de evitar los conocidos como 'cuellos de botella', alargando los plazos en que los clientes reciben sus paquetes.

Para lidiar con la pandemia, Amazon ha parado algunas de sus iniciativas. En Europa, ha cancelado las entregas en un día para los miembros de *Prime* que había prometido; volviendo al plazo anterior de 48 horas. Los usuarios *Prime* pagan una cuota anual o mensual para recibir pedidos más rápido, entre otros beneficios.

También han detenido su programa *Envía con Amazon*, que se enfocaba en ayudar en los pedidos de vendedores externos a compradores que adquirían sus productos fuera de Amazon.

Con esa cancelación, han conseguido enfocar todos sus recursos en sus propios clientes y han reducido algo de carga de trabajo de sus almacenes. Hoy, hay compradores que tienen que esperar más de un mes para recibir su compra, según una investigación de 'The Wall Street Journal'.

El gigante de las ventas por internet **Amazon** ha sido uno de los primeros mercados virtuales en tomar acciones para evitar la especulación comercial por la pandemia del covid-19.

Además de suspender cerca de un millón de productos que podrían estar abusando de la expansión del coronavirus, también emitió un comunicado en el que explicaba su estrategia en contra de esta modalidad comercial.

A este empeño se unió Facebook, uno de los principales portales de publicidad por internet, que anunció que prohibía "los anuncios relacionados con la venta de mascarillas y otros productos relacionados con la pandemia".

"Nuestros equipos están monitoreando de cerca la situación de covid-19 y harán las actualizaciones necesarias a nuestras políticas si vemos usuarios tratando de explotar esta emergencia de salud pública", mencionó Rob Leather, director de Productos de **Facebook**.

En tiempo anterior varios expertos habían señalado la incapacidad de los grandes portales de controlar efectivamente este tipo de acciones especulativas, en parte debido al tamaño de las compañías.

"Esta es la tecnología que ha inspirado a todo el mundo a poner productos en una plataforma en unos volúmenes fuera de lo normal", le dijo Justin Leigh, director de Ideoclick, una empresa que ayuda a las marcas de consumo a vender y publicitar en Amazon.

"Cuanto más grande es el portal, cuánto mayor es la tecnología, mucho mayor es el trabajo que tiene que hacer para hacer su labor y cumplir con las reglas", añadió.

Cuatro lecciones de marketing que nos enseña la estrategia de Amazon

1. Escuchar, entender y tener en cuenta al cliente.
En Amazon, cada año los managers dedican tiempo a entrenarse en el *call-center*. Deben responder directamente a las preguntas y reclamaciones de los clientes. De esta forma, no pierden de vista para quién trabajan. Escuchar, entender y servir son los principios básicos en los que se entrenan y la idea de esta iniciativa recae en Jeff Bezos.
Hasta tal punto Amazon está centrado en los clientes, que su gama Kindle nació como una compilación de las preferencias de los usuarios y no de los ingenieros.

> *"Si haces solo las cosas que sabes que funcionarán, dejarás oportunidades sin tocar en la mesa".*
> *Jeff Bezos*

2. La silla vacía en la estrategia de Amazon
La práctica de la silla vacía puede parecer una salida extrema a la filosofía centrada en el cliente. Pero, Bezos está obsesionado con los usuarios. A tal punto que en las reuniones introdujo una silla vacía y argumentaba que en esta se sentaba la persona más importante de la reunión: el cliente. Esta figura invisible tenía un peso extraordinario en las decisiones que se toman acerca de la estrategia de Amazon.

*"Nuestra meta es ser la compañía más centrada en el
cliente de todo el planeta"*: Jeff Bezos

3. La prisa por crecer no siempre es saludable
En el modelo de los *startups* lo que prima es que en poco
tiempo se pongan en práctica y desechen los procesos no
rentables. Es normal que cualquier empresa se enfrasque en una
carrera por aumentar sus beneficios. Sin embargo, Amazon tuvo
pérdidas notables los seis primeros años, y aún después el
margen de beneficio no era alto.
La visión de *Bezos* para la estrategia de Amazon era mantener
los precios bajos para aumentar el "boca-oreja" y atraer más
clientes. Y luego reinvertir cada céntimo ganado en acciones
dieran más satisfacción a los clientes y así fidelizarlos. En este
sentido, a la compañía no le importa sacrificar beneficios
inmediatos para conseguir mejores resultados en el futuro.

Sobrevivieron a la crisis de los .com y hoy son referencia en
ámbito de eCommerce B2C.

"Trabaja duro, diviértete y haz historia". Jeff Bezos

4. Explotar las cosas que no cambiarán
Jeff Bezos se pregunta qué es lo que no cambiará en los
próximos diez años. Sobre esas respuestas basa la estrategia
de Amazon. Según su punto de vista, en diez años los usuarios
seguirán interesados en precios bajos, entregas rápidas, y
personalización de la experiencia de compra; en esos aspectos
es que la compañía invierte.
Bezos aconseja a los emprendedores que analicen en su sector
qué es lo inamovible en una década y que al mismo tiempo
valorado por los clientes.
En este momento, todo es nuevo: estamos consumiendo todo el
contenido posible sobre el coronavirus (COVID -19). Pero la
tendencia es que en poco tiempo la información se sature y la
atención vuelva a enfocarse en los asuntos del día a día. Como
las personas están aisladas, los medios digitales deben ganar
más atención. Se abrirá un espacio mayor para las marcas, lo
que representa una oportunidad para quien tenga consistencia
en el medio digital.

Tomemos en cuenta los cambios de hábito de sus clientes. Puede ser que la falta de locomoción o los hijos que no van al colegio o cualquier otra cosa pueda alterar los horarios de acceso, por eso es importante probar diferentes momentos para publicar. Eventualmente, esta nueva rutina puede también alterar los canales (alguien que consumía podcasts yendo al trabajo puede haber cambiado ese tiempo por Youtube o, por otro lado, el consumo de podcasts puede aumentar mientras hacemos los trabajos domésticos).

El mundo cambió a un estado de "coma inducido" y la nueva vida es a base de lo digital.

En las áreas afectadas, vemos que el comportamiento del consumidor ha cambiado de varias maneras:

1. Aumento del consumo de noticias.

Empresas como Comcast y T-Mobile en los Estados Unidos han anunciado que suspenderán temporalmente los límites de datos de Internet para garantizar que la mayor cantidad posible de personas puedan permanecer conectadas.

2. Los medios se convierten en una forma de enriquecer la vida cotidiana.

En China, los jóvenes usan aplicaciones de recolección virtual para combatir el aburrimiento. Por ejemplo, la aplicación WanBa ofrece varios juegos multijugador para que las personas jueguen en dispositivos móviles, como 'Draw & Guess' y 'Online Roleplay'.

3. El aislamiento hace la vida más digital.

En Estados Unidos, la industria de los gimnasios está replanteando su modelo, pasando a la transmisión en vivo en línea y plataformas de video cortas para llegar a las personas en casa. Empresas como Pelotón, se revaluaron en la bolsa mientras que otras marcas han caído drásticamente. Lo más notable en la bolsa fue la caída del petróleo que llegó hasta los -US20.00 por barril. Nunca visto en la historia. Esto se recupera, pero el hecho es un fenómeno.

A medida que las personas recurren al aislamiento, la interacción es en línea y la forma que solíamos realizar nuestras interacciones cambian:

1. Hay un aumento en la búsqueda y el tráfico a sitios de comercio electrónico.
Este es especialmente el caso de equipos de protección, medicamentos y alimentos. A medida que aumenta la demanda en línea, aumenta la presión en la cadena de operaciones, especialmente para los productos fabricados típicamente en China.
Los minoristas han estado respondiendo de muchas maneras.
2.El tráfico está disminuyendo severamente para las categorías de viajes, restauración, deportes, y entretenimiento y minoristas fuera de línea.
Los datos de OpenTable muestran cómo el tráfico a restaurantes ha estado disminuyendo drásticamente en los últimos días.
El tráfico probablemente se parará completamente en la medida que más gobiernos demanden sus cierres y adopten nuevas medidas de confinamiento. Marcas como Apple ya han cerrado la mayoría de sus tiendas minoristas, y reabierto en China sus operaciones ahora que el país supuestamente ha controlado la pandemia.
3. Las marcas que nunca han pensado sumarse al mundo del e-commerce o migrado sus operaciones al mundo virtual están en mayor riesgo de desaparecer.
Tanto las marcas tradicionales como los pequeños y medianos empresarios están improvisando para llevar su negocio en línea, esto muestra la premura de los anunciantes por entrar al mundo del *ecommerce*.
De manera similar a como está cambiando el comercio, la incertidumbre, el confinamiento y el trabajo desde el hogar cambian la forma en que las personas consumen los medios:
1. Las personas consumen más medios durante todo el día y no solo durante el horario estelar.
En los Estados Unidos, la transmisión podría aumentar en un 60% según Nielsen, que basan su análisis en datos de situaciones de confinamiento anteriores. Consumo de TV abierta en Italia incrementó 15% al comparar febrero de 2019 vs. febrero de 2020.

2. Hay un aumento en el consumo digital de contenido de noticias.

Muchos editores de noticias eliminaron sus suscripciones pagadas en todos sus artículos relacionados con Novel COVID-19 para facilitar la información.

Para evitar la desinformación sobre esta pandemia y los usos oportunistas, plataformas como Google han lanzado iniciativas para atraer a los usuarios a fuentes confiables y bloquear todos los anuncios que se aprovechan de manera negativa de la situación.

3. Los medios tradicionales verán caídas en sus precios por aumento de inventario no utilizado.

Los medios que no basan su compra en el performance inmediato de la audiencia, por ejemplo, los medios impresos o los espacios digitales con modelos de compra premium, crecerán sus audiencias, pero no sus costos.

Esto es una acción inmediata para capitalizar.

4. La publicidad en espacios públicos está disminuyendo y perdiendo relevancia, afectando especialmente el cine y eventos en vivo.

Mientras que algunas casas de producción han optado por posponer el lanzamiento de sus películas, otras han decidido lanzarlas, pero en canales digitales: en China, la película 'Perdidos en Rusia' se trasladó a ByteDance y otras plataformas de video en línea, atrayendo ¡180 millones de espectadores en los primeros tres días!

Por otro lado, los grandes eventos deportivos como la NBA, Copa América y los Juegos Olímpicos 2020 de Japón ya anunciaron su cancelación.

5. La suscripción de VOD (video on demand) y juegos de video (incluida la transmisión) está aumentando.

Esta realidad nos lleva a evaluar la posibilidad de anunciar en eventos virtuales, conciertos en IG y torneos en línea, los que tendrán una audiencia creciente durante las siguientes semanas.

6. Aumenta el riesgo de fake news y contenido no apto para las marcas.

Si bien existe una oportunidad creciente en el ecosistema digital, las marcas deben tomar más en serio que nunca todas las regulaciones de compra para no correr el riesgo de ser relacionadas con noticias negativas. En este escenario, contar con una estrategia de palabras negativas y listas negras es clave en las estrategias de compras digitales.

7. Creatividad empática.

Por último, la forma y el contenido que comuniquemos tiene que estar en el marco de los acontecimientos, necesitamos mostrar empatía con los hechos actuales sin tener que involucrarnos directamente con ellos.

Del punto de vista de anunciantes, agencia y canales de medios, al tener este espacio más íntimo con el consumidor tenemos una responsabilidad de seguir comunicando y entreteniendo, ahora más que antes siendo relevantes y cercanos a la nueva realidad que vivimos.

Si bien existe la exigencia de aislarnos socialmente, este es un momento de crear cercanía, experiencia y compromiso con aquellas marcas que no dejan a sus consumidores.

Amazon abre nuevo mercado

Amazon entra en el negocio de las farmacias con el cumplimiento de recetas en línea y entrega gratuita para miembros Amazon Prime está ingresando al negocio de las farmacias con una nueva oferta llamada Amazon Pharmacy, que permite a los clientes de Estados Unidos solicitar medicamentos recetados para entrega a domicilio, incluida la entrega gratuita para los miembros de Amazon Prime.

Amazon ha estado construyendo silenciosamente su oferta de farmacia durante varios años después de intensificar las discusiones internas en 2017 y adquirir PillPack en 2018. El espacio de farmacia es notoriamente complejo y competitivo en los EE. UU., y Amazon Pharmacy se basa en parte en la infraestructura de PillPack, incluida su software de farmacia, centros logísticos y relaciones con planes de salud.

Amazon Pharmacy, es el mayor impulso de la compañía hacia el mercado de $ 300 mil millones y amenaza el dominio de las farmacias tradicionales como CVS y Walgreens, así como de otros grandes minoristas que ofrecen servicios de farmacia, incluido Walmart.

Las acciones de las farmacias cayeron tras el lanzamiento de Amazon Pharmacy.

Para Amazon, el anuncio es oportuno. Los estadounidenses confían cada vez más en recibir sus medicamentos por correo para evitar una posible exposición al coronavirus. Ese cambio podría ser permanente, ya que más personas que nunca están aprendiendo sobre nuevas formas de recibir medicamentos.

Cómo funciona

Los clientes mayores de 18 años tendrán acceso al servicio de farmacia esta semana en 45 estados, sin incluir Hawaii, Illinois, Kentucky, Louisiana y Minnesota. Amazon espera servir a esos estados con el tiempo.

Amazon Pharmacy aceptará la mayoría de las formas de seguro, pero también podría ofrecer ahorros para personas sin seguro. Los clientes también pueden usar cuentas de gastos flexibles o cuentas de ahorros para la salud para comprar recetas en el servicio.

Antes de que los clientes pidan medicamentos por primera vez, el sitio puede hacerles preguntas como si están embarazadas, su fecha de nacimiento y su sexo, tal como se les asignó al nacer. Esa información es requerida por ley para brindar atención farmacéutica y ayuda a los farmacéuticos a hacer cosas como confirmar recetas.

Los médicos pueden enviar recetas directamente a Amazon Pharmacy, o los pacientes pueden solicitar una transferencia a un minorista existente, como CVS o Walgreens.

Amazon dice que tiene herramientas para verificar que si un médico ordenó legítimamente cada receta y para reducir el posible fraude.

¿Qué es el Internet de los bienes?

El Internet de los bienes es otra forma de hacer referencia más descriptiva a la Industria 4.0. Implica la digitalización de la fabricación, así como el intercambio de datos y la automatización involucrados.

El Internet de bienes se basa ampliamente en una red de productores, ya sean fábricas o de otro tipo, que utilizan tecnología moderna para fabricar productos de manera eficiente y rentable localmente, incluso a pequeña escala. Esta forma de fabricación localizada surge de la convergencia de tres categorías de innovación tecnológica y mejora las oportunidades para la industria manufacturera en su conjunto.

¿Qué tecnologías se fusionan para crear Internet de bienes?

Si bien muchas industrias digitales, como las finanzas y el entretenimiento, se han apoderado del software, la industria manufacturera solo recientemente ha comenzado a adoptar tendencias de alta tecnología ante la difícil adopción debido a la naturaleza de los elementos físicos que no pueden reducirse a bits y bytes. Las siguientes tecnologías se han combinado para crear la base de Internet de los bienes.

Distribución Digitalización y Centros de Cumplimiento

Amazon ha cambiado la forma en que el mundo ve las compras. Permite a las empresas ampliar su alcance, a los usuarios encontrar rápidamente incluso productos muy específicos que pueden no estar disponibles localmente, y a los consumidores recibir estos artículos a un ritmo cada vez más rápido y a precios altamente competitivos. Esta digitalización de la distribución por la que Amazon es conocida como plataforma es el impulsor de este nivel de velocidad y variedad de acceso a los productos.

Del mismo modo, Amazon continúa mejorando sus centros de distribución, ofreciendo una comodidad sin precedentes a los compradores. Los usuarios a menudo pueden recibir productos en dos días y, ocasionalmente, incluso dentro de las horas posteriores a la compra.

Este modelo de negocio y tecnología permite a los fabricantes enviar rápidamente productos directamente sin la necesidad de pasar por minoristas tradicionales y otros canales de distribución similares, anteriormente un costo importante. Debido a las instalaciones de distribución locales, la idea de la escala en aras de la rentabilidad es perder vapor rápidamente, ya que los fabricantes ahora pueden enviar fácilmente pequeños lotes a precios razonables.

Impresión 3D y Robótica

La robótica ha contribuido a la automatización dentro de la industria manufacturera, y la impresión 3D ha alterado la forma en que vemos la creación de productos. Debido a que la impresión 3D permite una personalización rápida y rentable de los productos, abre muchas oportunidades para los modelos de negocio que alguna vez habrían sido prohibitivos.

Plataformas de fabricación

Las plataformas de fabricación permiten nuevos métodos de fabricación que son mucho más rápidos y más eficientes que los métodos tradicionales que utilizan métodos de producción distribuidos y sin fábrica. De la misma forma en que las redes sociales cambiaron la cara de la socialización y la comunicación, las plataformas de fabricación están alterando de manera suprema la cara de la fabricación.

Este software en red permite a los pequeños empresarios llevar rápidamente productos al mercado global, ofrece factibilidad mejorada de aprendizaje automático y cotizaciones de costos en minutos, y permite a los consumidores ordenar fácilmente productos personalizados directamente de los productores.

¿Cómo cambiará la fabricación de Internet de bienes?

La Internet de los bienes podría ser el impulso que las necesidades de fabricación para iniciar el crecimiento. En una encuesta reciente, 11 de los 19 fabricantes estadounidenses producen menos hoy que en 2000, y 18 de los 19 tienen menos empleados en el mismo período de tiempo. Si bien muchas industrias han adoptado nuevas tecnologías, la fabricación ha sido lenta debido a restricciones físicas muy reales que pueden limitar la implementación. Sin embargo, la Internet de bienes alterará la fabricación de múltiples maneras, incluida la velocidad y la personalización.

Los consumidores no solo tendrán la oportunidad de personalizar directamente los productos que solicitan, sino que los pequeños empresarios tendrán la opción de crear de manera rápida y económica pequeños lotes de productos sin la sobrecarga de sus predecesores.

Mediante el uso de plataformas de fabricación, es posible que los creadores puedan poner sus productos en producción en cuestión de minutos, y sin necesidad de crear un prototipo físico.

Esta capacidad de diseñar, rediseñar, producir y entregar bienes rápidamente también cambiará la forma en que los fabricantes interactúan con los productores extranjeros. Si bien alguna vez fue eficiente ordenar un gran lote de productos de otro país, como China, esperar dos meses para recibirlo, luego almacenar el producto hasta que se vendió o se envió a los distribuidores, es mucho menos el caso con Internet de Bienes.

Debido a que los productos pueden producirse localmente a precios bajos y en el momento de la necesidad y luego distribuirse directamente a los consumidores que esperan tiempos de entrega más cortos y niveles más altos de personalización, los productos a granel estandarizados y homogéneos enviados desde el extranjero pueden convertirse en una necesidad del pasado.

No hay un camino fácil ni una receta infalible, pero cuanto más compartamos y aprendamos con los otros, más probable será que encontremos alternativas. En poco tiempo tendremos remedios, vacunas y todo esto quedará en la historia. ¡Ojalá sepamos aprender una lección positiva de todo y salgamos fortalecidos como humanidad! *"Caminante no hay camino, se hace camino al andar"*

Ejercicios:

Invito ahora que estamos en el 2021, que pueda el estudiante poner su mira en lo que se espera desarrollar en este año ya que tendremos de inmediato nuevas cosas por venir en donde se pondrá atención al producto al precio, al punto de venta y a la publicidad (las 4 Ps.) y saquemos conclusiones rápidas de a quién va dirigido el producto, a qué clase social (alta, madia o baja) los puntos de venta o accesibilidad de estos productos o servicios; la vía de entrega al cliente, los mercados pilotos en donde se lanzarán estos nuevos productos o servicios, las promociones, las ventajas y desventajas de éstos, la reacción del público. Y me refiero a los siguientes que ya han sido anunciados:

McDonald's confirma la creación de la hamburguesa a base de plantas McPlant y presenta el nuevo Crispy Chicken Sandwich que debutará en 2021

McDonald's podría renovar dos peleas de comida en 2021: la batalla de las hamburguesas sin carne y la Guerra del sándwich de pollo.

El gigante mundial de la comida rápida ha desarrollado una nueva plataforma basada en plantas llamada McPlant con pruebas de la hamburguesa que se esperan en algunos mercados de todo el mundo el próximo año.

Los anuncios de sándwiches de pollo y vegetales formaron parte de la nueva estrategia de crecimiento de la compañía llamada "Acelerando los arcos". La estrategia incluye un compromiso con el menú principal.

Amazon tiene un nuevo carrito de supermercado inteligente que está equipado con una pantalla táctil y otro hardware para detectar automáticamente qué artículos se colocan en su interior. Los compradores pueden llevar el Dash Cart a través de un carril especial cuando terminan de comprar para revisar digitalmente sus artículos sin un cajero humano. Amazon desplegará sus primeros Dash Carts en una tienda de comestibles en el área de Los Ángeles. La tienda está actualmente en funcionamiento para pedidos en línea y se abrirá para los clientes a finales de este año. Los Dash Carts solo podrán manejar aproximadamente dos bolsas de artículos, por lo que los clientes que quieran comprar más deberán usar carritos tradicionales y carriles de pago estándar.

Uber ha lanzado un servicio de comestibles basado en aplicaciones en varias ciudades de América Latina y Canadá a través de su aplicación UberEats. El servicio se lanzó en sociedad con Cornershop, un proveedor chileno de comestibles en línea en el que Uber tiene una participación mayoritaria. Se espera un lanzamiento en EE. UU. comenzando con las regiones de Miami y Dallas. Uber ha experimentado un aumento del 176% en los pedidos de comestibles de conveniencia desde febrero en sus 9.500 comerciantes activos.

Uber, el mayor proveedor de servicio de taxi en el mundo que no posee ni un auto.

Walmart está lanzando un nuevo servicio de membresía por $ 98 al año. Walmart + ofrece entrega de comestibles y mercadería general en el mismo día, junto con otros beneficios como descuentos en combustible. Amazon Prime cuesta actualmente $ 119 al año y tiene 150 millones de miembros *Prime* en todo el mundo. Ofrece envío en 2 días, entrega de comestibles, acceso a contenido de Prime Video y más. Walmart informó un aumento del 37% en los ingresos anuales generales en 2019, con un aumento de las ventas en línea del 74% en Walmart está comprando activos JoyRun para agregar la entrega de productos "peer-to-peer"

La vicepresidenta ejecutiva de Walmart, *Srini Venkatesan*, señala que la aplicación ha acumulado una red de 540 socios comerciales externos y más de 30,000 personas que han entregado productos con el servicio desde su lanzamiento hace media década. El servicio de JoyRun es un pequeño giro en aplicaciones de entrega más estándar como Seamless y Uber Eats.

La aplicación de la empresa permite a las personas descubrir quién, en las cercanías, ya se dirige a un restaurante que les gusta y, luego, realizar un pedido propio. Será interesante ver cómo Walmart integra esta tecnología en su cadena existente, aunque por lo que parece, Walmart esencialmente dependería de no profesionales para entregar productos como comestibles. el primer trimestre fiscal de este año.

¿Qué es el Gran Reinicio?

Este es el tema del día para nuestro inmediato futuro.

¿Estás listo para convertirte en un "activo digital" del Gran Reinicio de los globalistas?

Pocos son conscientes de ello, pero la digitalización de la raza humana avanza a una velocidad vertiginosa.

En marzo de 2020, cuando los gobiernos cerraban sus economías citando un virus misterioso, Bill Gates realizó una serie de entrevistas con los medios pidiendo un "certificado digital" globalizado para cada ser humano del planeta.

Dijo que esta era la única forma de mantenerse al día con quién tiene el virus y quién ha sido vacunado. Tenga en cuenta que no se sabía que ninguna vacuna estuviera en proceso en marzo de 2020, pero Gates habló sobre la vacuna como si estuviera a la vuelta de la esquina. Él sabía.

En un foro en línea *Ask Me Anything* del 18 de marzo de 2020 patrocinado por Reddit, se le preguntó a Bill Gates qué cambios debían realizarse en la forma en que operan las empresas para garantizar la salud pública sin arruinar la economía.

La respuesta de Gates al problema fueron los certificados digitales, lo que claramente lleva a las sociedades occidentales que alguna vez fueron libres a un escenario de "muestra tus papeles" en el que el pre-COVID se habría considerado un tabú similar al nazi [ver captura de pantalla a continuación]:

En ese momento, también se sabía que Gates estaba invirtiendo en la iniciativa ID2020, que busca conectar el historial de vacunas de las personas con sus acciones de compra.

Gates no solo está escupiendo cuentos de hadas tecnológicos. Es un portavoz importante del ala tecno-médica del Nuevo Orden Mundial [también hay alas económicas, sociales y religiosas del Nuevo Orden Mundial]. Creo que Gates obtiene muchas de sus ideas de personas menos conocidas asociadas con el Foro Económico Mundial las mismas personas que presionan por el llamado Gran Reinicio global. A Gates también le gusta trabajar en asociación con las fundaciones de la familia Rockefeller.

Fue David Rockefeller quien en 1973 cofundó con Zbigniew Brzezinski la Comisión Trilateral, una organización tecnocrática elitista que prometía promover la creación de un "nuevo orden económico internacional". Algunos de los líderes de pensamiento más prominentes que impulsan los rápidos cambios en la economía global en la actualidad son miembros de la Comisión Trilateral, cuya lista actual de miembros incluye representantes de los bancos centrales de Europa, América y Asia.

Las corporaciones multinacionales, en cooperación con los grandes bancos, las grandes farmacéuticas, las grandes tecnologías, el gran gobierno y los globalistas conectados con las Naciones Unidas y el Foro Económico Mundial, están utilizando la crisis de COVID para transformar la forma en que el dinero, los bienes y los servicios se intercambian.

Están aprovechando la "oportunidad" que les presenta la pandemia, dice el director del Foro Económico Mundial, Klaus Schwab, para transformar la atención médica, la banca, la producción industrial, los sistemas de producción y consumo de energía, el uso global de la tierra e incluso la forma en que socializamos juntos como seres humanos.

Schwab ha comentado que ninguna industria estará exenta del Gran Reinicio. Y las Naciones Unidas declaran en su Agenda 2030 que ninguna persona será "dejada atrás" por este sistema global venidero.

Estas élites han querido deshacerse del efectivo durante mucho tiempo. Este ha sido un tema prioritario en su lista de tareas pendientes durante más de 60 años. El efectivo es simplemente demasiado difícil de rastrear y las élites tecnocráticas están obsesionadas con rastrear, medir y monitorear todo en tiempo real.

Quieren monetizar, poner un valor en, cada vida humana. Para lograr esto, deben poder realizar un seguimiento con precisión milimétrica de los hábitos de gasto y consumo de todos.

Ahora creen que han encontrado la solución: reemplazar el efectivo por una nueva moneda digital basada en la tecnología blockchain.

¿Con qué estará respaldada esta nueva moneda digital? Hay varias teorías, ninguna de las cuales probablemente involucre metales preciosos como el oro o la plata.

Algunos creen que la nueva moneda mundial estará respaldada por las principales masas de tierra del mundo y los recursos naturales debajo de esa tierra. Esto podría explicar por qué los chinos y Bill Gates han estado en una juerga de compra de tierras que incluye tierras de cultivo en la Universidad.

En el desarrollo de la pandemia se ha planteado el cambio mundial conocido como El Gran Reinicio que está en la mente de todos, ya sea que todos lo sepan o no. Está presagiado por las medidas tomadas por estados de todo el mundo en respuesta a la crisis del virus chino. (Me refiero a "crisis" no a la llamada pandemia en sí, sino a las respuestas a un nuevo virus llamado SARS-2 y al impacto de las respuestas en las condiciones sociales y económicas). En su libro, **COVID-19: The Great Reset**, el fundador y presidente ejecutivo del Foro Económico Mundial (WEF**), Klaus Schwab**, escribe que la crisis del covid-19 debe considerarse como una *"oportunidad que se puede aprovechar para hacer el tipo de cambios y elecciones de políticas que pondrán a las economías en el camino hacia un futuro más justo y verde"*. Aunque Schwab ha estado promoviendo el **Gran Reinicio** durante años, la crisis del covid ha proporcionado un pretexto para finalmente promulgarlo. Según Schwab, no deberíamos esperar que el sistema mundial post covid vuelva a sus modos de funcionamiento anteriores. Más bien, alternando entre descripción y prescripción, Schwab sugiere que los cambios se realizarán, o deberían realizarse, en dominios interdependientes entrelazados para producir una nueva normalidad. Entonces, ¿qué es el Gran Reinicio y cuál es la nueva normalidad que establecería? El Gran Reinicio significa ingresos reducidos y uso de carbono.

Pero Schwab y el WEF también definen el Gran Reinicio en términos de la convergencia de los sistemas económicos, monetarios, tecnológicos, médicos, genómicos, ambientales, militares y de gobierno. El Gran Restablecimiento implicaría grandes transformaciones en cada uno de estos dominios, cambios que, según Schwab, no solo alterarán nuestro mundo, sino que también nos llevarán a "cuestionar qué significa ser humano". En términos de economía y política monetaria, el Gran Restablecimiento implicaría una consolidación de la riqueza, por un lado, y la probable emisión de renta básica universal (RBU) por el otro. Podría incluir un cambio a una moneda digital, incluyendo una centralización consolidada de la banca y las cuentas bancarias, impuestos inmediatos en tiempo real, tasas de interés negativas y vigilancia y control centralizados sobre el gasto y la deuda.

Si bien todos los aspectos del Gran Restablecimiento involucran tecnología, el Gran Restablecimiento implica específicamente "la Cuarta Revolución Industrial" o transhumanismo, que incluye la expansión de la genómica, la nanotecnología y la robótica y su penetración en el cuerpo y el cerebro humanos.

Por supuesto, la *Cuarta Revolución Industrial* implica el despido de mano de obra en sectores en aumento, para ser reemplazados por la automatización. Pero, además, Schwab alaba el uso de la nanotecnología y los escáneres cerebrales para predecir y adelantarse al comportamiento humano. El Gran Restablecimiento significa la emisión de pasaportes médicos, que pronto se digitalizarán, así como la transparencia de los registros médicos que incluyen el historial médico, la composición genética y los estados de enfermedad. Pero podría incluir la implantación de microchips que leerían e informarían sobre la composición genética y los estados cerebrales de tal manera que "incluso cruzar una frontera nacional podría algún día involucrar un escáner cerebral detallado para evaluar el riesgo de seguridad de una persona". En el frente genómico, el Gran Reinicio incluye avances en ingeniería genética y la fusión de genética, nanotecnología y robótica. En términos militares, el Gran Reinicio implica la creación de nuevos espacios de batalla, incluidos los ciberespacios y el cerebro humano como espacio de batalla.

Dicho esto, "el Gran Reinicio" no es más que una campaña de propaganda coordinada envuelta en un manto de inevitabilidad. En lugar de una mera teoría de la conspiración, como ha sugerido el New York Times, el Gran Reinicio es un intento de conspiración, o la "ilusión" de los planifica-dores socioeconómicos para tener "partes interesadas" corporativas y los gobiernos adoptan la desiderata de la WEF.

Para vender este paquete, el WEF moviliza la retórica calentada de "igualdad económica", "justicia", "inclusión" y "un destino compartido", entre otros eufemismos. En conjunto, estas frases representan el colectivismo socialista componente político e ideológico del socialismo corporativo previsto (dado que el socialismo económico nunca puede ser promulgado, siempre es solo político e ideológico).

El Gran Reinicio se afirmó en las reuniones de la cumbre celebrada entre el 25 y 29 de enero de 2021 del Foro Económico Mundial, en la ciudad de Davos, Suiza. Como resultado, "a partir de 2021, **la forma de viajar de las clases medias debe cambiar rotundamente**", expone la Agenda de Davos 2021. Tal y como ya avisara el multimillonario **Bill Gates**, también miembro del Foro Económico Mundial, "los viajes en avión se van a reducir a más de la mitad en estos próximos años. Los aviones contaminan mucho".

Por esta razón, el *Foro de Davos* ha anunciado al término de la cumbre que **las clases medias volverán a viajar en tren-cama**. Se acabó aquello de salir de Madrid y estar en Londres en dos horas. O de Paris a Nueva York en 4 horas. Para inocular esta idea en la ciudadanía, en su nuevo spot propagandístico, el Foro Económico Mundial intenta vender al público "lo maravilloso que es hacer viajes en trenes nocturnos" como sucedía antes de la década de los 80.

Marck Benioff, CEO de la compañía Salforces, ha llegado a decir en una de las intervenciones en Davos que "el capitalismo, tal y como lo hemos conocido, ha muerto". El Foro Económico Mundial lo aclara en el resumen de esta última cumbre: "El capitalismo, el que se ha practicado en las últimas décadas, con su obsesión en la maximización de beneficios para los accionistas ha dado lugar a una desigualdad horrible. Es hora de un nuevo capitalismo más justo, un capitalismo equitativo y sostenible que realmente funciona para todos y donde las empresas, incluidas las tecnológicas, no solo toman de la sociedad, sino que realmente devuelven y tienen un impacto positivo". Es decir, una empresa dejará de ser privada, no existirá un propietario.

El Foro de Davos ya lo venía anunciando: "En 2030, no tendrás nada y serás feliz", rezaba una de sus predicciones hace tres años. Ahora, sus líderes adelantan que, en la nueva forma de *"capitalismo equitativo"*, las empresas no tendrán el control de su compañía, porque también formarán parte de ella el gobierno de turno y el Estado, entre otros agentes interesados. Una fórmula idéntica a la que aplica el Partido Comunista Chino en su régimen.

No es de extrañar que el invitado de honor del Foro Económico Mundial 2021 fuera *Xi Jinping*, el presidente de la República Popular de China.

Davos: Las personas que anunciaron audazmente que "para el 2030 no serán dueños de nada y serán felices" y que simplemente "alquilarán lo que necesiten" se reunieron durante la semana del 25 de enero de 2021 para discutir los planes para una remodelación total del planeta.

El Foro Económico Mundial, también conocido como la Clase de Davos. La conferencia comenzó con comentarios de Klaus Schwab, fundador y presidente ejecutivo del Foro Económico Mundial, quien afirmó que 2021 es "un año fundamental y crucial" para nuestro futuro. A la conferencia de una semana de duración asistieron representantes del gobierno, banca, empresas, academia, medios de comunicación, Big Tech y Big Pharma. Algunos de los oradores más notables incluyeron: Anthony S. Fauci, Director Instituto Nacional de Alergias y Enfermedades Infecciosas (NIAID), Bill Gates, presidente de la Fundación Bill y Melinda Gates, Tedros Adhanom Ghebreyesus, Director General, Organización Mundial de la Salud (OMS), Kristalina Georgieva, directora gerente, Fondo Monetario Internacional. Al Gore, ex vicepresidente de los Estados Unidos. John F. Kerry, enviado presidencial especial de EE. UU. Para el clima. Christine Lagarde, presidenta, Banco Central Europeo. Ángela Merkel, Canciller Federal de Alemania. Sundar Pichai, director ejecutivo de Alphabet; director ejecutivo de Google Inc. Rajiv Shah, presidente de la Fundación Rockefeller También hubo direcciones especiales entregadas por: António Guterres, Secretario General, Naciones Unidas. Emmanuel Macron, presidente de Francia. Benjamin Netanyahu, primer ministro de Israel. Vladimir Putin, presidente de la Federación de Rusia. Ursula von der Leyen, presidenta de la Comisión Europea y Xi Jinping, presidente de la República Popular China.

Los 7 temas principales de las reuniones de Davos de este año fueron: **1.** Cómo salvar el planeta **2.** Economías más justas **3.** Tecnología para el bien **4.** Sociedad y futuro del trabajo **5.** Mejores negocios **6.** Futuros saludables **7.** Más allá de la geopolítica. También se lanzó la Plataforma de Inteligencia estratégica desarrollada para "explorar y monitorear los problemas y fuerzas que impulsan el cambio transformacional en las economías", industrias y problemas globales. En otras palabras, tomar el control de todo lo vital para la vida en el planeta y su población. Con estos esfuerzos y más, la **Clase de Davos** no perdió el tiempo con sus planes para remodelar el mundo. Como dijo una vez el ex alcalde de Chicago Rahm Emanuel: "Nunca querrás que una crisis grave se desperdicie". Y lo que quiero decir con eso es una oportunidad para hacer cosas que crees que no podías hacer antes. Pero el verdadero problema siempre ha sido avanzar en una agenda para crear un gobierno global.

La pandemia fue la excusa utilizada para acelerar este esquema. El COVID-19 sirvió como una bola de demolición desatada para cambiar cada faceta de la vida. Este experimento mundial de ingeniería social demostró ser un gran éxito ya que las sociedades de todo el mundo se transformaron en un par de meses en regímenes totalitarios que exigían el cumplimiento de las medidas draconianas promulgadas para "detener la propagación del virus". La Clase de Davos quiere controlar la tierra, el aire, el agua y todos los recursos del planeta, incluidos los humanos. También es la razón por la que COVID-19 proporcionó la puerta de entrada perfecta para avanzar en la agenda para digitalizar todo y acelerar el control autoritario. Sin la apariencia de una pandemia, donde la gente temía por sus vidas, nunca hubieran podido llegar tan lejos, tan rápido. Monedas digitales, identificaciones digitales, cobertura 5G mundial, seguridad biométrica y un estado de vigilancia global avanzado es el verdadero final. Los grandes cambios digitales, la forma de comprar, vender e invertir abren un nuevo camino del marketing mundial.

Se considera que la guerra cibernética ya presenta una de las amenazas más serias de nuestro tiempo. El ciberespacio se está convirtiendo en un sitio de enfrentamiento tanto como la tierra, el mar y el aire lo eran en el pasado.

Todo esto es conocido como "la cuarta revolución industrial", título del libro de Klaus Schwab. No son cosas por venir, es que ya están sucediendo y de manera muy rápida.

Expone que solo podremos enfrentarnos de manera significativa a estos desafíos si movilizamos la sabiduría colectiva de nuestras mentes, corazones y almas. Dibuja con esto, los grandes cambios en los mercados mundiales, tanto de compra y venta en todos sus niveles como de comunicación y comportamiento.

Muy interesante es que menciona cuatro tipos de inteligencia: Contextual (la mente), emocional (el corazón). Inspirada (el alma). Física (el cuerpo).

Los cambios a la que debemos adaptarnos son muchos, entre ellos: Los tatuajes no solo se verán bien, sino que podrían realizar tareas útiles, como desbloquear un automóvil, marcar los códigos de un teléfono móvil con el toque de un dedo o hacer un seguimiento de los procesos del cuerpo.

Nos enfrentaremos a el polvo inteligente que son conjuntos de ordenadores completamente funcionales con antenas, cada uno mucho más pequeño que un grano de arena que se podrían conectar en red dentro del cuerpo que podrían enjambres de estos microdispositivos atacando un cáncer.

Una píldora inteligente, desarrollada por *Procteus Biomedical y Novaris*, tiene un dispositivo biodegradable digital unido a ella que transmite los datos a su teléfono sobre cómo el cuerpo está interactuando con el medicamento.

Esto nos dibuja cómo estaremos entre muchísimos cambios tecnológicos de avanzada en estos años venideros.

Habremos notado la ofensiva de ofrecer encuestas por medio digital de firmas famosas que rodean nuestro ambiente comercial, de la intención de crear a fondo la moneda digital y eliminar la física, mercados nuevos de sistemas de compra y pago.

El desempleo tecnológico se disparará a medida que los robots y la inteligencia artificial estén reemplazando trabajos más rápidos que nunca debido a la pandemia del virus.

La pandemia ha creado un fuerte incentivo para automatizar el lugar de trabajo. En las pandemias, las máquinas y las computadoras no contraen infecciones.

Todo esto sugiere que, además de los millones de puestos de trabajo perdidos por la pandemia, habrá cada vez más puestos de trabajo perdidos por los robots, lo que aumentará el desempleo tecnológico.

Para los gobiernos, ahora la pregunta sigue siendo: ¿Qué hacer con los millones de personas sin trabajo? ¿Recapacitarlos de marcar el comienzo de la renta básica universal?

<u>RBU</u>

La Renta Básica Universal (RBU), Ingreso Básico Universal (IBU), renta básica incondicional (RBI) o ingreso ciudadano, es una forma de sistema de seguridad social en la que todos los ciudadanos o residentes de un país reciben regularmente una suma de dinero sin condiciones.

Se recibe desde el gobierno o alguna otra institución pública, además de cualquier ingreso recibido de otros lugares.

La recibe todo miembro de pleno derecho o residente de la sociedad incluso si no puede o quiere trabajar de forma remunerada, sin tomar en consideración si es rico o pobre e independientemente de cuáles puedan ser las otras posibles fuentes de renta y sin importar con quién viva.

El sistema busca cubrir a la totalidad de la población con un ingreso garantizado al margen de sus condiciones laborales, económicas o sociales. Un ingreso que permita la supervivencia básica mes a mes, garantizada por el estado. En el contexto de la pandemia por coronavirus de 2019-2021, distintos países alrededor del mundo, el Foro Económico Mundial (World Economic Forum, WEF) e incluso el Papa se han pronunciado a favor de la implementación de un Ingreso Básico Universal.

Por definición, la renta básica universal abarca a todos los residentes de un país independientemente de sus condiciones socioeconómicas, con el fin de garantizar la supervivencia básica mensual.

Dada la situación crítica generada por el coronavirus, muchos países analizan utilizar este tipo de ingreso para que sus habitantes puedan cubrir las necesidades elementales.

La alternativa a no disponer de una Renta Básica Universal es el incremento de probabilidad de que se produzcan disturbios sociales, conflictos, migraciones masivas incontrolables y la proliferación de grupos extremistas que se aprovechan y agitan la frustración social.

 Es en este contexto que debemos considerar seriamente la posibilidad de aplicar una Renta Básica Universal bien diseñada, de modo que las crisis puedan golpear, pero no destruir.

Para 2025:

* En todo el mundo habrá más viajes en automóvil compartido que en vehículos privados. A esto se le puede denominar *economía colaborativa*.

* Se imprimirá en 3D el primer automóvil fabricado mediante la impresión de la tecnología del 3D.

También se desarrollarán implantes de órganos como del hígado en hechos en impresora 3D. De hecho, en 2014 los médicos del Hospital de la Universidad de Pekín, implantaron con éxito la primera vértebra 3D.

PASAPORTE DE INMUNIDAD

La Unión Europea anuncia que se están preparando para implementar "certificados de vacunas", la asociación de aerolíneas más grande también se está preparando para lanzar su versión de los controvertidos pasaportes de inmunidad. La discusión sobre los pasaportes de inmunidad ha crecido en los últimos meses, y el Reino Unido, Dinamarca, Suecia, Islandia y España están considerando algún método para verificar si un individuo ha sido vacunado o logrado inmunidad contra COVID-19. Los funcionarios del Reino Unido también han discutido el potencial del uso de una herramienta de verificación digital para viajes nacionales. En los Estados Unidos, también se están desarrollando planes para pasaportes de inmunidad. También se habla del *"pasaporte verde"*, que estará certificado en su celular listo a presentarlo en cualquier aduana por medio del móvil. Toda esta movida acarrea nuevos sistemas de comercialización.

Rodolfo Jerez Coronado
Técnico en Mercadeo. Publicista.
Instituto de Investigación y Desarrollo. Facultad de Ciencias Económicas UNAN.
1974. Técnico en Marcadeo.
Instituto Centroamericano de Administración de Empresas INCAE. Gerencia de
Mercadeo. 1984.
Gerente de Servicios Publicitarios SA (SERPSA).
1976. Managua. Nicaragua.
Ejecutivo de Cuentas de Art-Técnica Publicidad.
1977. Managua, Nicaragua.
Ejecutivo de Cuentas de Alfa & Omega Publicidad.
1977-1983. Managua. Nicaragua.
Director de Comunicaciones Creativas Publicidad.
1983-1985. Managua, Nicaragua.
Co-director de Flecha. - Periódico mensuario.
1987-88. San José. Costa Rica.
Installer Technician. Cable Company. Regina Saskatchewan.
Installer/sales/Promotions. 1986-1995.
Co-director de Prensa Latina de Regina. Periódico mensuario. 1994-95. Sask.
Canadá.
Director/Editor de Prensa Latina de London.
Periódico mensuario. 1996- 2014.
2014 to today: Senior Retired.
London. Canadá

London, Ontario
Canadá. 2021.

BIBLIOGRAFÍA

*Bernard De Plas & Henri Verdier- La Publicidad.
*Primer Coloquio publicitario de México: El Idioma Español y la Publicidad.
*Revista Iberoamericana de Estudios Publicitarios
*William L. Shanklin and John K. Ryans, Jr. –Marketing High Technology.
*Charles Schewe.- Canadian Marketing in Actino.
*Sommers, Barnes, Staton, Futrel.- Funamentals of Marketing.
*Marketing Management.-Boyd Walker.
*Subliminal Seduction.-Wilson Bryan Key.
*Engel, Warshaw, Kinner.- Promotional Strategy.
*Gerhard Gschandtner with Pat Garnett.- Nonveerbal Selling Power.
*The lenguaje of advertising and merchandising in English.- David P. Rein.
*Mercado de Valores. RD.
*Douglas A. Gray, Donald G. Cyre.- Marketing your Product.
* On Creativity and the Unconscious.- Freud.
*Otto Kleppener.- Advertising Procedure. 1979.
*La Cuarta Revolución Industrial. Klaus Schwab.
*Foro Económico Mundial. (Foro de Davos).
Ilistraciones Internet.

Colección publicada en Amazon.com

Conceptos de Mercadeo. *Una Guía básica y actualizada para montar tu negocio.*(2019)

Conceptos de Mercadeo. Segunda Edición. La actividad del marketing durante la pandemia y su futuro. (2020)

Marketing Concepts (Inglés). (2020)

Ebook: Conceptos de Mercadeo Segunda edición. (2020)

www.ingramcontent.com/pod-product-compliance
Lightning Source LLC
Chambersburg PA
CBHW020915160726
47993CB00005B/1989